Il y a dans cette edition dans la
pièce intitulée, Meditation sur l'enfer
particulier de l'athée hypocrite. p. 47
75 stances au lieu de 18 qui sont
dans la 1ere edition.

— Traduction d'une hymne de Thomas
a Kempis en l'honneur de St Jean
Baptiste. avec l'hymne en latin
p. 93. = Elle ne se trouve pas dans la
1ere Edition.

— p. 98. Sonnet sur le Chef de St Jean Baptiste
qui n'est pas non plus dans la 1re edition.

Nb. Il y a de moins dans cette Edition
le Latin des Prieres ordinaires
p. 137. L'auteur n'a mis dans cette
Edition que la version françoise —
qu'il a placée a la fin des Poesies
au lieu que dans la 1re les Prieres
se trouvent au milieu de cette
depuis la p. 90. jusques et compris la 200e

La 1ere edition du même format
est chez Pierre le Petit in 12. 1674

138 ff

L'INSTITVTION CHRESTIENNE,

AVEC

D'AVTRES OVVRAGES DE PIETÉ, EN VERS FRANÇOIS.

Par Frere CLAVDE ROHAVLT, *Prieur de Holnon, de l'Ordre de Prémontré.*

SECONDE EDITION.

A PARIS,
Chez GUILLAUME DESPREZ, au pied de la Tour Noſtre-Dame, du coſté de l'Archeveſché.

M. DC. LXXV.
AVEC APPROBATION ET PERMISSION.

A MONSEIGNEVR
Le tres-Illuſtre & tres-Reverend Pere
MICHEL COLBERT
ABBÉ GENERAL
DE L'ORDRE
DE PRÉMONTRÉ.

ONSEIGNEVR,

Je n'ay pas eu lieu de balancer ſur le choix de celuy à qui je devois offrir ce petit Ouvrage, ſçachant qu'il vous doit appartenir auſſi-bien que ſon Auteur, qui ſe peut dire entierement à vous, par l'engagement indiſpenſable de ſes vœux, & par le deſir tout particulier qu'il a de vous témoigner ses reconnoissances. Il est vray que mon peu de merite semble m'accuser de temerité, en ce que j'ose m'adresser au Chef d'un des plus fameux Ordres Reguliers, que ce Royaume ait produit pour la defense de l'Eglise; mais l'Approbation, que vous avez eu la bonté de donner à cette Piece, me met à l'abry de ce reproche, & me fait esperer, MONSEIGNEUR, *qu'elle ne vous sera point desagreable; en ce qu'estant bonne dans le fonds, elle ne pourroit estre méprisée que par son exterieur mal poly. J'ay mesme cette creance qu'un Prelat, aussi sage & aussi pieux que vous estes, fera quelque estime du dessein que j'entreprens, & de la maniere dont je le traite, qui pour estre simple n'en doit pas estre moins considerée, puis qu'elle a plus de rapport à cette simplicité si recommandée à tous les Fidelles, & particulierement à ceux de ma profession. C'est pourquoy,* MONSEIGNEUR, *comme cette Poësie n'a rien de la fiction Payenne, & qu'elle ne déguise en aucune façon la verité; je me promets que le Public y pourra beaucoup profiter: les plus grossiers y concevant sans peine tout ce qu'ils doivent sçavoir de nos mysteres, qui y sont expliquez familierement, & les plus éclairez y trouvant assez de matiere, pour servir de sujet à leurs plus hautes meditations. En effet, les Principes de la Mo-*

rale Chreſtienne, que je comprens icy en peu de mots, ne ſont pas moins capables d'occuper les eſprits, que les ſecrets de la nature le ſont dans la Phyſique de feu mon frere, qui par ſon exemple m'a porté à mettre au jour ce petit Livre. J'ay pris la liberté de vous le dédier, MONSEIGNEUR, *me perſuadant que vous aurez la bonté de le recevoir avec le meſme accueil que vous faites juſques aux moindres choſes que l'on vous preſente; & que vous le tiendrez pour un gage de la ſoûmiſſion parfaite de celuy qui a toûjours eſté, & qui ſera toute ſa vie avec un tres-profond reſpect,*

MONSEIGNEVR,

Voſtre tres-humble & tres obeïſſant ſerviteur,
Frere CLAVDE ROHAVLT.

PREFACE.

J'Ay toûjours consideré la Poësie comme un don que Dieu fait aux hommes, pour les exciter à chanter ses incomparables merveilles. Ceux qui ont voulu s'en servir à d'autres fins, attribuant aux creatures ce qui ne peut convenir qu'au Createur, ont esté abandonnez à l'égarement d'un esprit si depravé & si corrompu, que voulant passer pour sages, ils sont devenus fous; & ont esté cause que plusieurs particuliers, ignorant cette verité, ont porté le mesme jugement de tous ceux qui s'occupoient à faire des Vers. Mais ces particuliers sont tombez eux-mesmes dans un sens si reprouvé, que leur opinion doit estre estimée entierement déraisonnable; en ce qu'elle ne condamne pas seulement tous les saints Personnages qui se sont adonnez à la Poësie, mais encore l'Eglise en general, qui approuve leurs Ouvrages, & qui les chante avec admiration dans ses plus augustes Mysteres.

Outre les Hymnes, dont l'Eglise se sert maintenant, la Synagogue n'avoit-elle pas autrefois plusieurs Livres & plusieurs Cantiques en vers Hebreux, qu'elle faisoit resonner par les voix musicales, & par les instrumens harmonieux de ses Prestres & de ses Levites ? Il ne faut que jetter les yeux sur l'Ecriture Sainte, pour y voir ce que Moyse & David en ont laissé. Car aprés tout, la Poësie ne contient-elle pas en soy le bien honneste, le bien utile, & le bien delectable, lors qu'elle nous sert à loüer Dieu, à nous faire apprendre ce qui est de nostre devoir, & à nous réjoüir en toute modestie avec nostre prochain ? Elle a toûjours esté en si grande veneration parmy les Anciens, qu'ils la nommoient ordinairement le langage des Dieux. Aussi lisons-nous que durant le Paganisme les plus celebres Oracles ne répondoient qu'en vers par la bouche de leurs Prestres, qui paroissoient remplis d'une fureur toute divine. C'est ce qui a tellement fait estimer les Poëtes, que Saint Paul n'a rien trouvé de plus propre que leur témoignage, pour convaincre les plus sçavans Philosophes & Magistrats de la ville d'Athenes.

Mais sans aller si loin, la Poësie Françoise ne fournit-elle pas, plus que toute autre, dequoy éclairer l'entendement, parce qu'elle n'a rien d'obscur en ses termes, qu'on entend tout de suite, sans estre transposez de vers à autre, comme en la Poësie Latine, où il faut bien souvent lire jusques aux derniers mots d'un distique, avant que d'en concevoir les premiers ? L'entendement estant éclairé, combien la volonté se presse-t'elle à mettre en execution tout ce qu'il juge expedient ? Et pour luy en faire ressouvenir, la rime n'est-elle pas celle qui aide le plus la memoire ? Aprés cela ne peut-on pas conclure avec beaucoup de raison, que tous ceux qui s'appliquent à faire des vers, à la gloire de Dieu, & à l'utilité du prochain, doivent estre exempts de tout reproche ? puis qu'ils ne sont que les instrumens, dont Dieu se sert quelquefois pour nous découvrir les tresors de sa toute-puissance, de son infinie sagesse, & de sa tres-exacte justice ; ainsi qu'on peut remarquer dans les vers des Sibylles, lesquelles quoy que Payennes, n'ont pas laissé de prédire tout ce qui devoit arriver de plus remarquable en la sacrée personne du Messie.

Ce que j'en dis, n'est pas que je songe à faire passer ce petit Ouvrage, pour quelque rare production d'esprit ; mais seulement pour donner à connoître qu'il n'est point à mépriser, puis qu'il ramasse en quinze pieces (que j'ay déja fait imprimer à diverses fois) tout ce qui est de plus necessaire pour le salut & l'edification d'un chacun. Dans les cinq premieres, l'on y verra tout d'un coup l'Institution Chrestienne, où j'ay tâché de m'expliquer si nettement, que je n'ay pas trouvé à propos d'y rien ajoûter, si ce n'est une Paraphrase des Commandemens de Dieu & de l'Eglise, avec une autre Piece qui comprend fort succintement la vie de nostre divin Sauveur, & de sa tres-Sainte Mere. De plus, afin de les pouvoir imiter en leurs souffrances, celle qui suit, contient plusieurs motifs de consolation pour les affligez, dans l'esperance des biens qu'ils possederont à jamais dans le Ciel; tandis que l'Athée hypocrite, le plus malheureux de tous les damnez, gemira eternellement dans son enfer particulier, ainsi que je m'efforce de découvrir en la meditation qui finit la premiere partie de ce petit Recueil.

Les cinq Pieces suivantes m'ont esté plus difficiles à faire que les precedentes. Aussi l'Auteur de la Nouvelle Methode a-t'il fort bien remarqué dans les Regles de la Poësie Françoise, qu'à dire le vray, les Traductions de vers pour vers, sont de si grande contrainte, qu'il est tres-mal-aisé d'y pouvoir bien reüssir. La premiere de celles-cy est une Exhortation à la Penitence, par la consideration des quatre fins de l'homme, & par des reflexions si sensibles, qu'il n'est rien de plus fort pour exciter les pecheurs à un veritable changement de vie. La seconde est un tres-beau discours, que le souverain Pasteur de nos Ames fait aux Ecclesiastiques, pour les avertir de leur dignité, & de leur devoir. Je l'ay traduit, afin d'apprendre aux Laïques l'honneur qu'ils doivent rendre aux Prestres, & l'obligation qu'ils ont de leur obeïr en ce qui touche leur propre salut. La troisiéme est un Cantique merveilleux sur le Mépris du Monde. Il semble estre composé pour les Religieux qui s'en sont retirez, & qui veulent desabuser les Mondains de toutes les vanitez du siecle. La quatriéme est une Oraison tres-affective, où l'Ame devote témoigne le grand desir qu'elle a de s'unir à Dieu, qu'elle contemple des yeux de la Foy au Saint Sacrement de l'Autel. Et la cinquiéme est une Hymne, où l'on voit clairement tout ce qu'on peut dire de plus beau à la loüange de Saint Jean Baptiste, qui a montré au doit l'Agneau que nous adorons dans ce tres-auguste Sacrement.

Pour les cinq autres Pieces qui regardent la vie de quelques Saints, je les ay icy ajoûtées, afin de confirmer par leur exemple tout ce que j'ay avancé auparavant. Le glorieux Martyr S. Quentin est le premier dont j'ay écrit la Vie, parce qu'il est le premier Apostre du Vermandois, qui le reconnoît pour son bienheureux Patron, specialement son Eglise Royale; & celle de Holnon, qui est la bergerie du troupeau que Dieu m'a confié. La Vie du grand Saint Augustin paroît ensuite, à cause de la Regle qu'il a donnée à plusieurs Ordres ; mais sur tout à celuy de Prémontré. C'a esté le Reverend Pere Jerôme, Prieur des Augustins de Malines, qui m'a fourny, par l'explication de ses tailles douces, les particularitez de cette Vie dont il cite exactement les Auteurs. Celle de nostre Patriarche Saint Norbert se voit aprés, dans les Stances que j'ay composées sur chaque image que le Reverend Pere Chrysostome Vander-Sterre, Abbé de Saint Michel d'Anvers, a fait graver, pour servir d'estampes aux tableaux qui sont maintenant en plusieurs Maisons de nostre Ordre. La quatriéme est celle de Saint Alexis, qui peut servir de modelle à tous les bons Religieux, principalement à ceux qui se sont engagez à vivre dans une continuelle solitude. Et la derniere est un bouquet de diverses fleurs spirituelles, dont l'odeur celeste fait avoüer que le Seigneur est le Dieu des vertus, & qu'il est admirable dans la conduite des Saints. Aprés quoy il y a seulement un formulaire de prieres, où je n'ay rien mis que de tres-utile ; afin de porter les Fidelles à mediter plûtost sur chaque parole, que sur de longs discours, qu'ils pourroient negliger ou parcourir, sans y avoir aucune attention.

J'ay choisi la façon d'écrire en vers François, pour enseigner en peu de mots les Maximes & les Mysteres de nostre sainte Religion, afin d'imiter Monsieur de Pybrac, qui nous a laissé des Quatrains si beaux, & si faciles à apprendre, qu'on ne peut rien voir de meilleur pour l'education de la jeunesse. Si l'on trouve que mon Style ne soit pas assez relevé, & que ma Rime ne soit pas assez riche, j'ay à répondre que j'ayme mieux avoir negligé quelquefois une belle Rime, que de n'avoir pas fidellement exprimé ce qui est de nostre croyance ; & quant au Style, que j'ay deu le proportionner au sujet dont je traite icy. En effet, qui voudroit mettre l'Imitation de Nostre Seigneur JESUS-CHRIST, ou mesme son Saint Evangile, dans un meilleur Latin, il en effaceroit l'Onction spirituelle que le S. Esprit y a versée ; dautant que l'harmonie de la vraye devotion se fait au cœur, & non pas à l'oreille. C'est pourquoy j'adresse plûtost ce petit Ouvrage aux personnes qui veulent s'étudier à bien faire, qu'à celles qui ne sont curieuses que d'entendre bien discourir.

Non enim Auditores Legis justi sunt apud Deum, sed Factores Legis justificabuntur. Rom. 2.

L'INSTI-

L'INSTITVTION CHRESTIENNE EN VERS FRANCOIS.

I.

L'Invocation du Saint Esprit.

Vien du Ciel, Esprit Saint, & m'accorde la grace,
Que mon cœur puisse avoir tes sept dons precieux,
La Crainte d'offenser le Monarque des Cieux,
La Pieté qui plaît devant sa sainte Face,
La Science requise afin de raisonner,
La Force qui me doit aux combats couronner,
Le Conseil au besoin pour ne me pas méprendre,
L'Entendement fort clair pour bien connoître Dieu,
Et la Sagesse enfin pour ne jamais pretendre
Qu'à l'aimer purement, & servir en tout lieu.

II.

Le Symbole des Apôtres.

Je crois en Dieu, l'Auteur du Ciel & de la Terre,
Puis en ſon Fils JESUS, conceu du Saint Eſprit;
D'une Vierge eſtant né, ſur la Croix il ſouffrit,
Il mourut & fut mis dans un tombeau de pierre;
Il fut dans les Enfers; puis il reſſuſcita;
Pour eſtre avec ſon Pere, à ſa droite il monta;
Il doit delà venir, & rendre à tous juſtice.
Je crois au Saint Eſprit; & l'Egliſe où j'admets
Le Commerce des Saints, le Pardon de tout vice,
Et le retour des morts, pour vivre à tout jamais.

III.

L'Oraiſon Dominicale.

Noſtre Pere qu'on voit dans les Cieux face à face,
Que ton nom ſoit beny par tout inceſſamment;
Que ton regne ſur nous arrive promtement;
Qu'en terre, comme au Ciel, ta volonté ſe faſſe.
Noſtre pain chaque jour accorde-nous icy;
Comme nous pardonnons, pardonne-nous auſſi;
Dans la tentation jamais ne nous délaiſſe;
Délivre-nous du mal, & du malin eſprit;
Puis-que tous d'une voix nous t'en prions ſans ceſſe,
Par le nom glorieux de ton Fils JESUS-CHRIST.

IV.

La Salutation Angelique.

Vierge, que le Seigneur de sa grace a remplie,
Je te viens annoncer qu'il est avecque toy;
Et que sur toute femme il te consacre à soy,
Pour tirer de ton sein JESUS le fruit de vie.
Avec ce cher Enfant, sois benie en tout lieu.
O tres-Sainte Marie, ô Mere du vray Dieu,
A nous pauvres pecheurs montre-toy favorable;
Aide-nous maintenant, & sur tout à la mort:
Afin qu'ayant quitté nostre corps miserable,
Nostre Ame puisse un jour arriver à bon port.

V.

La Confession generale.

Je me confesse à Dieu redoutable en puissance;
A la Vierge Marie, à l'Ange Saint Michel,
A Saint Jean Precurseur, à tous les Saints du Ciel;
A Saint Pierre & Saint Paul; car en ma conscience
J'ay peché par pensée, & par mes actions,
Par de mauvais discours, & par omissions:
C'est pourquoy tous les Saints de bon cœur je reclame,
Afin qu'en leur faveur Dieu m'ayant pardonné,
Le jour de mon trépas il conduise mon Ame
Au Royaume qu'il a pour les bons ordonné.

VI.

Les Commandemens de Dieu.

Adore le vray Dieu d'un esprit tres-sincere;
Ne jure point son Nom sans respect ny besoin;
Garde pour le servir le Dimanche avec soin:
Et pour vivre long-temps, honore pere & mere.
Dans le sang du prochain ne trempe point tes mains;
Fuy de l'impureté les infames desseins;
Ne possede aucun bien par la moindre injustice;
Ne dis faux témoignage en aucune saison.
La femme du prochain convoiter est un vice,
Et le desir d'avoir le bien de sa maison.

VII.

Les Commandemens de l'Eglise.

Le Dimanche & la Feste entens Messe à l'Eglise,
Tes pechez tous les ans declare à ton Pasteur,
A Pâques de sa main reçoy ton Redempteur,
Et comme il t'est prescrit les Festes solemnise.
Jeûne les Quatre-temps, & le Caresme entier,
Deux fois chaque semaine abstien-toy de la chair.
De nôces ne fais point aux jours de penitence;
Des fruits que tu reçois offre la dîme à Dieu;
Acquitte les Defunts dont tu tiens la substance;
Fuy l'Excommunié, si tu peux, en tout lieu.

VIII.

Les Commandemens de la Charité.

Aime Dieu ton Seigneur sur tous les biens du monde,
Jusqu'à plûtost mourir que jamais l'offenser :
Sçache aussi qu'il ne faut ton prochain délaisser,
Lors qu'au besoin sur toy son esperance il fonde.
Sois-luy donc secourable en sa necessité,
Et ne le trouble point dans sa felicité.
Delà depend la loy du Monarque suprême :
Car aimer Dieu sur tout, & faire à ton prochain
Le bien que tu voudrois que l'on fit à toy-mesme,
C'est comprendre en deux mots tout le devoir humain.

IX.

Les sept Sacremens.

Le Baptesme nous fait vrais Enfans de l'Eglise.
La Confirmation donne force aux Chrestiens.
Le Corps de JESUS CHRIST est pour nourrir les siens.
La Penitence obtient des pechez la remise.
Lors-qu'on craint à la mort quelque tentation,
L'on est fortifié par l'Extrême-Onction.
L'Ordre aux Prestres confere un pouvoir sur les Ames,
Et sur le Corps d'un Dieu qu'ils portent dans leurs mains.
Le Mariage éteint les impudiques flammes,
Et donne des enfans pour les rendre des Saints.

X.

Les ſept Vertus principales.

Embraſſer les Vertus qui ſont Theologales ;
Avoir une Foy vive, une Eſperance en Dieu,
Avoir la Charité qui n'a point de milieu :
Et les autres Vertus qu'on nomme Cardinales ;
Souffrir patiemment durant l'adverſité,
Se pouvoir moderer dans la proſperité,
Rendre comme l'on doit à chacun la Juſtice,
Avoir de la Prudence en chaque occaſion ;
Et vivre tous les jours de ce ſaint exercice,
C'eſt vivre aſſurément dans la perfection.

XI.

Les ſept Pechez capitaux.

Pour oppoſer au vice une vertu contraire,
Il faut domter l'Orgueil avec l'humilité,
Il faut vaincre l'Envie avec la charité,
Et l'Avarice encor par le bien qu'on peut faire.
La Gourmandiſe craint la ſobre portion,
La Pareſſe ſuccombe à la devotion,
La Colere n'eſt point avec la patience,
Non plus que la Luxure avec la chaſteté.
Pratiquant ces Vertus avec perſeverance,
Les vices n'auront point ſur toy d'autorité,

XII.

Les Pechez contre le S. Esprit.

Ce seroit offenser la Bonté souveraine,
De penser se sauver sans vivre saintement ;
Ou d'en desesperer opiniâtrement,
Ainsi que fit Judas par une mort soudaine.
Aller directement contre la verité ;
N'avoir pour son prochain que de la dureté,
Enviant son honneur, sa joye & sa substance ;
Vivre dans les pechez & l'obstination,
Et du monde sortir sans faire penitence,
C'est le chemin qui mene à la perdition.

XIII.

Les Pechez qui crient vengeance.

Abhorre les pechez que Dieu venge en colere ;
Lors-que de sens rassis l'on meurtrit l'innocent,
Qu'on presse l'orfelin, la veuve, & l'indigent ;
Qu'on retient le loyer du pauvre mercenaire.
Deteste ce peché qu'on n'oseroit nommer,
Par qui l'on vit Sodome & Gomorre abysmer,
Ce germe de l'Enfer, ce monstre de tout vice.
Garde-toy d'estre ingrat envers tes bien-faicteurs ;
Mais garde-toy sur tout de rompre par malice,
L'Amitié fraternelle avec des mots flateurs.

XIV.

Les Pechez commis en autruy.

Par les pechez d'autruy tu soüilles ta pauvre Ame,
Si lors-qu'il fait du mal, tu veux le supporter;
Tu luy donnes conseil; tu viens à le flatter;
Et pour le provoquer, ton vain discours l'enflamme;
Tu caches ce qu'il fait, tu n'en dis jamais rien;
Tu l'obliges par fois à combattre le bien;
Tu reçois quelque part du larcin qu'il apporte;
Tu ne le reprens point de parole & de fait,
Comme si tout cela n'estoit pas de la sorte,
Et ne t'empéchoit point d'estre un homme parfait.

XV.

Les cinq Sens de nature.

Le peché par les Sens dans nostre Ame se glisse,
Quand on aime, ou qu'on hait, par l'œil injustement;
Que l'on mange, ou qu'on boit avec déreglement;
Ou qu'on preste l'oreille à ce qui porte au vice;
La senteur fait encor pecher par l'odorat,
Dés lors que pour flairer on est trop delicat;
L'attouchement aussi des choses defenduës
Blesse ordinairement l'Ame de tout côté:
Mais pour la preserver par ces cinq avenuës,
A craindre toûjours Dieu tu dois estre porté.

XVI.

Les trois ſortes de bonnes Oeuvres.

Eſt-il rien de meilleur qu'une ſainte Priere,
Pour obtenir de Dieu l'effet de tes deſirs?
Et pour punir ton corps de ſes charnels plaiſirs;
Le Jeûne n'eſt-il pas l'œuvre que tu dois faire?
Pour l'Aumône au prochain, veux-tu rien de plus beau?
Tout ainſi que le feu s'éteint avec de l'eau,
De meſme le peché par l'Aumône s'efface.
Tu dois conjecturer delà certainement,
Que l'Aumône remet avec Dieu l'homme en grace,
Lors-qu'avecque le Jeûne, il le prie humblement.

XVII.

Les Oeuvres de Miſericorde.

Enſeigne l'ignorant; conſole en la miſere;
Pardonne aux ennemis; corrige avec grand ſoin;
Supporte les affronts; & conſeille au beſoin;
Pour le bien d'un chacun fais ſouvent ta priere.
Aux pauvres étrangers preſte ton logement;
Le boire & le manger accorde librement
Ainſi que le vétir au temps de l'indigence.
Délivre les Captifs par de juſtes efforts,
Aſſiſte le malade en toute diligence,
Et ne dédaigne point d'enſevelir les morts.

XVIII.

Les huit Beatitudes.

Heureux de qui le cœur eſt exemt d'avarice ;
Qui s'adonnant aux pleurs , brave la volupté ;
Qui fait ſentir par tout ſa debonnaireté ;
Et brûle du deſir de rendre à tous juſtice.
Heureux celuy qu'on voit miſericordieux ;
Qui conſerve un cœur net parmy les vicieux ;
Sans vouloir ſe ſoüiller avec eux ſur la terre.
Heureux enfin celuy qui procure la paix ;
Et qui pour la juſtice a bien ſouvent la guerre :
Parce-qu'il regnera dans le Ciel à jamais.

XIX.

Les Conſeils Evangeliques.

Vis dans la Pauvreté ſimple & laborieuſe ,
Afin de ne pas eſtre à charge à ton prochain ;
Garde la Continence aimable au Souverain :
Fuy, pour la conſerver , l'approche dangereuſe.
A tes Superieurs ſoûmets-toy pleinement.
Ce faiſant tu pourras ſurmonter aiſément
Le vice de l'orgueil qui regne en cette vie :
Tu vaincras le deſir de la Chair , & des yeux ;
Tu reduiras encor le Monde plein d'envie ,
Et le Diable ennemy des cœurs devotieux.

X X.

Les quatre Fins de l'homme.

Souvien-toy que la Mort finira ta carriere,
Qu'il faut quitter le corps, l'honneur, le bien mondain;
Qu'au juste Tribunal tu paroîtras soudain,
Pour écouter de Dieu ta Sentence derniere.
Les Anges, les Demons viendront de chaque part,
Afin de t'enlever à l'heure du départ:
Si tu ne vis pas bien, tu seras en supplices
Dans l'Enfer, avec ceux qui de Dieu sont maudits;
Mais vivant comme il faut, tu seras en delices
Avec les Bienheureux qui sont en Paradis.

X X I.

L'Exercice du matin.

Au point de ton réveil, mets en Dieu ta pensée,
Demande-luy l'habit d'une sainte pudeur.
Puis estant à genoux tu dois avec ardeur
Le benir, pour avoir la nuit si bien passée.
Fais un acte d'amour, & d'adoration,
De ce qui t'appartient, fais-luy l'oblation;
Le priant instamment de t'estre favorable.
Tu verras que sa main viendra te secourir,
Si pleurant du passé la perte irreparable,
Tu crains de l'offenser bien plus que de mourir.

XXII.

Le Sacrifice de la Messe.

Ne manque pas d'oüir la Messe en ta Paroisse,
Quand ton Pasteur la dit le Dimanche au matin.
De ce que tu dois faire il te rendra certain ;
Mieux qu'un autre il sçaura te délivrer d'angoisse:
Tâche d'y recevoir le Corps de ton Sauveur.
Tu dois, la Feste aussi, d'une égale ferveur
A sa Messe assister, puis à son Catechisme.
Entens, les autres jours, la Messe où tu pourras :
Parce-que le devoir du vray Christianisme
N'est de faire en ce point, que ce que tu voudras.

XXIII.

Les Heures Canoniales.

Veux-tu sçavoir pourquoy l'on chante dans l'Eglise,
Comme faisoit David, les sept Heures du jour ?
C'est dautant que JESUS, par son divin amour,
A souffert des méchans la cruelle entreprise.
A Matines les Juifs le prennent au jardin,
A Prime un Roy mocqueur le traite avec dédain,
A Tierce on le condamne à la mort tres-amere,
A Sexte il est en Croix, à None il va mourir,
A Vespres on le met dans les bras de sa Mere,
A Complie en un mot on vient l'ensevelir.

XXIV.

XXIV.

Les Ceremonies de l'Eglise.

Regarde l'appareil de nos Ceremonies,
Pour le Divin Service, & pour les Sacremens:
Voy l'Encens, les Vaisseaux, la Croix, les Ornemens;
Des Orgues & du Chant, entens les harmonies.
Tout cela ne se fait qu'afin de t'exciter
A benir ton Seigneur, & sur terre imiter
Par ces signes sacrez les neuf Ordres des Anges,
Qui chantent dans le Ciel a perpetuité,
Avec les Bienheureux, les tres-saintes loüanges
Du Dieu qui les a mis dans la felicité.

XXV.

Les Indulgences Plenieres.

L'Eglise a ses tresors où sont les Indulgences,
Que le saint Pere accorde en satisfaction
Des pechez qu'on declare en la Confession,
Et de la peine deuë au reste des offenses.
Gagne-les si tu peux; sans pourtant esperer,
Qu'il ne te faudra point tost ou tard reparer
Tous les torts que tu fais au prochain ta partie,
Il n'est pas obligé de te quitter son bien,
Sur tout si tu le peux rendre avant ta sortie:
C'est pourquoy restituë, & ne luy retiens rien.

XXVI.

Le Travail & le Repos.

Le Chreſtien ne peut pas ſans ceſſe eſtre en priere,
Et n'avoir jour & nuit d'autre occupation :
Il doit regler ſon zele à ſa condition ;
Autrement il pourroit tomber dans la miſere.
Si tu deſires donc avoir dequoy manger,
Tu dois avec ardeur au travail te ranger,
Soit à celuy du corps, ou celuy de l'étude :
Et puis de temps en temps vn peu te divertir,
Pour avoir du repos durant ta laſſitude,
Sans que cela pourtant te doive ralentir.

XXVII.

La Benediction de la Table.

O Souverain Seigneur des hommes & des Anges,
Qui daignes bien nourrir juſqu'au moindre animal,
Repais-nous maintenant par ton ſoin ſans égal,
Et nos voix auſſi-toſt chanteront tes loüanges.
Mais verſe auparavant ta benediction
Sur nous & ſur tes biens, puis que cette action
Se commence par toy, Dieu de miſericorde,
Et par Noſtre Seigneur ton cher Fils JESUS-CHRIST,
Qui dans toy vit toûjours en parfaite concorde,
Au Royaume Celeſte avec le Saint Eſprit.

XXVIII.

Les Graces aprés le Repas.

Seigneur Dieu Tout-puiſſant, Roy d'eternelle gloire,
Nous te remercions de nous avoir nourris.
Par là tu montres bien comme tu nous cheris,
Et comme tu nous a toûjours en ta memoire.
Eſtant déja repeus d'vn terreſtre aliment,
Accorde s'il te plaiſt que noſtre Entendement
Soit maintenant remply de ta Divine Grace.
Aide nos Bienfaićteurs, conſerve-nous en paix;
Prens pitié des Défunts, leur découvrant ta Face;
Et repais-nous de toy dans le Ciel à jamais.

XXIX.

L'Examen pour le Soir.

Afin d'examiner au ſoir ta Conſcience,
Tu dois premierement, avec grande ferveur,
Remercier ton Dieu de toute ſa faveur,
Et ſa Grace implorer pour mieux voir ton offenſe.
Puis aprés rappeller exactement pourquoy,
Comment, en quel endroit, avec qui, quand, & quoy,
Tu crois avoir agy contre la Loy Divine.
Excite-toy ſur l'heure à la Contrition;
Pour n'y plus retourner, frape-toy la poitrine;
Et promets de tout dire en ta Confeſſion.

XXX.

La conclusion de l'Ouvrage.

A la gloire de Dieu, de la Vierge Marie,
Et de l'Ange de paix mon fidelle Gardien,
Je composois ces Vers, pour donner le moyen
Qui conduit un chacun dans l'eternelle vie.
Mais sentant ma foiblesse en ma production;
Je veux bien la soûmettre à la correction
Des Docteurs approuvez de l'Eglise Romaine;
Ne voulant accomplir que ses pieux desirs,
Afin qu'elle m'assiste à me tirer de peine,
Et m'obtienne en mourant les Celestes plaisirs.

Quicunque hanc Regulam secuti fuerint, pax super illos. *Galat.* 6.

PARAPHRASE DES COMMANDEMENS DE DIEU ET DE L'EGLISE.

I.

TOn Seigneur & ton Dieu par sa sainte parole ;
Te commande de l'adorer :
Le secours d'autres Dieux tu ne dois implorer ;
Ny te tailler aucune Idole,
Pour la servir & l'honorer.

II.

Ne jure point le Nom de ce souverain Maître,
Sans respect & necessité.
Ne le prens à témoin que de la verité ;
Car innocent tu ne peux estre,
Jurant avec temerité.

III.

Souvien-toy qu'en repos tu dois le jour ſeptiéme,
Mediter la Loy du Seigneur,
Et benir ſon Saint Nom de la bouche & du cœur.
Ta famille en faſſe de meſme,
Sans s'occuper à ton labeur.

IV.

Rends l'honneur que tu dois à ton Pere & ta Mere,
Si tu veux vivre longuement,
Sur la terre promiſe, avec contentement :
Aſſiſte-les dans leur miſere,
Et ſupporte leur manquement.

V.

Qu'il ne t'arrive point de maltraiter perſonne,
Ny de luy procurer la mort :
Jamais pour te venger ne fais le moindre effort.
Le Seigneur au ſeul Juge ordonne
De punir celuy qui fait tort.

VI.

Eloigne-toy ſur tout de l'infame Adultere,
Et de la Fornication :
L'Impureté te ſoit en grande averſion.
Ce peché cauſe la miſere,
Puis aprés la damnation.

VII.

Du bien de ton prochain, quoy que l'on te propose,
Ne sois Larron, ny Receleur:
Ne sois Simoniaque, Vsurier, ny Voleur.
Souvent jusqu'à la moindre chose,
Le bien d'autruy porte malheur.

VIII.

Contre qui que ce soit ne rends pas témoignage,
Que de la pure verité.
Tant pour le seul plaisir, que par necessité;
Il faut toûjours que ton langage
Se fasse avec sincerité.

IX.

Il ne t'est pas permis de convoiter la Femme
De ton Prochain charnellement,
Par discours, ny regard, ou par attouchement,
Si tu ne veux perdre ton Ame,
Comporte-toy fort chastement.

X.

Ne desire d'avoir son bien par injustice,
Et n'en sois jamais Envieux:
Le bien que l'on usurpe est tres-pernicieux;
Outre qu'il fait grand préjudice,
Il se perd luy-mesme à tes yeux.

I.

POur honorer les Saints, ſolemniſe les Feſtes,
Qui te ſont de commandement.
Celebre leur memoire, & les prie humblement
D'offrir au Seigneur tes requeſtes,
Sur tout au point du Jugement.

II.

Ne manque d'aſſiſter les Feſtes & Dimanches
A la Meſſe, où ton Divin Roy
Se rend viſible à tous par les yeux de la Foy;
Puis que ſous des eſpeces blanches
Il s'y fait immoler pour toy.

III.

Du moins une fois l'an, declare ton offenſe
Au Paſteur en Confeſſion,
Avec grande douleur & ſatisfaction.
Joins-y l'entiere confiance
D'en avoir la remiſſion.

IV.

De ton meſme Paſteur, du moins au temps de Pâques,
Reçois le Corps de ton Sauveur,
Pour augmenter en toy ſa divine faveur.
De la mort ſentant les attaques,
Reçois-le encore avec ferveur.

V.

Aux Vigiles des Saints, Quatre-temps & Caresme,
Tu dois jeûner sans te flater,
Pour macerer ton corps, & pour luy resister;
Veu que contre ta Raison mesme
Il ose bien se revolter.

V I.

Deux fois chaque semaine aux jours que ton bon Maître
Mourut & fut au monument,
Il te faut abstenir de chair entierement:
Sinon quand on veut la permettre
A ton foible temperament.

V I I.

Au temps qui t'est prescrit de faire Penitence,
Ne fais ny Nôces, ny Festin.
Du Mariage aussi qu'on nomme clandestin,
Ne pas observer la défense,
C'est vouloir vivre en libertin.

V I I I.

Des fruits que Dieu te donne il faut payer la Dîme
A l'Eglise fidellement,
Pour les Prestres qui sont occupez saintement
A luy presenter sa Victime,
Et le servir incessamment.

IX.

Quant aux pauvres Défunts, tu dois avoir memoire
D'acquitter ce qu'ils t'ont commis ;
Soit en priant pour eux, soit pour estre remis
A tous ceux à qui tu peux croire
Que leurs biens sont dûs ou promis.

X.

Ceux qu'Excommuniez nommément on dénonce,
Garde-toy bien de frequenter ;
Si ce n'est à dessein de les admonester :
Autrement l'Eglise prononce,
Qu'elle pretend te rejetter.

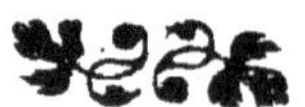

Si vis ad vitam ingredi, serva mandata.
Matth. 19.

LA SALUTATION ANGELIQUE,

CONTENUE DANS LES QUINZE MYSTERES DU ROSAIRE.

I.

A l'Annonciation.

JE TE SALUË, ô Vierge Sainte,
Comme fit l'Ange Gabriel,
Le jour qu'il descendit du Ciel ;
Disant que tu serois enceinte
De Nostre-Seigneur JESUS-CHRIST,
Par la vertu du Saint Esprit.

II.

A la Visitation.

MARIE excellente Maîtresse,
Quand du ventre d'Elisabeth,
Saint Jean t'oüit en grand respect;
Il témoigna son alegresse:
Et toy du profond de ton cœur
Tu glorifias le Seigneur.

III.

A la Naissance de JESUS-CHRIST.

PLEINE DE l'Auteur de la GRACE,
Sans aller en Jerusalem,
Tu l'enfantas en Bethleem;
Où chacun vit sa sainte Face:
Dans ce lieu le devot Pasteur
Vint adorer son Redempteur.

IV.

A sa Presentation au Temple.

LE SEIGNEVR AVEC TOY tu portes
Au Temple, où le bon Simeon
Le connut par un saint rayon,
Et le benit en mille sortes;
Puis t'avertit que la douleur
Devoit un jour percer ton cœur.

V.

A son Recouvrement.

TV SERAS d'un chacun BENIE,
Parce que ton Enfant JESUS
Sur les Docteurs eut le dessus;
Lors que ne t'ayant pas suivie,
Tu le trouvas trois jours aprés
Au Temple, y retournant exprés.

VI.

A sa Prise au Iardin.

ENTRE TOVTES LES fortes FEMMES,
Qui supporta plus de douleurs
Que toy, quand tu versas des pleurs;
Sçachant que des Soldats infames,
Au signal d'un Traître malin,
Avoient pris ton Fils au Jardin?

VII.

A sa Flagellation.

LE FRVIT BENY DE TES ENTRAILLES;
Qui regne dans le Paradis,
Fut méprisé des Juifs maudits,
Quand tu vis de rudes canailles
Le foüetter excessivement,
Ce qui te fut vn grand tourment.

VIII.

A son Couronnement d'Epines.

O tres-SAINTE Vierge MARIE!
Qui peut concevoir tout le mal,
Que faisoit ce peuple brutal
A JESUS le vray fruit de vie?
D'épines l'ayant couronné,
Et comme un Foû l'ayant orné.

IX.

Au Portement de sa Croix.

MERE DE DIEU, quelle tristesse!
Rencontrant ton Fils aux abois,
Lors qu'il succomboit sous la Croix:
Et que tu l'oüis dans la presse,
Disant aux Femmes prés de soy:
Pleurez sur vous, non pas sur moy.

X.

A son Crucifiement.

PRIE instamment ton Fils aimable,
Qui sur la Croix fut attaché,
Que pour nostre enorme peché,
Nostre Ame ne soit miserable;
Mais que par sa tres-sainte Mort,
Nous puissions surgir à bon port.

XI.

A sa Resurrection.

POUR NOUS il ſit aux ſiens connoître,
Qu'il pouvoit bien reſuſciter ;
Car il voulut les viſiter,
De la mort ſe montrant le Maître.
Ton cœur triſte en devint joyeux,
Regardant ſon Corps glorieux.

XII.

A son Ascension.

AUX PAUVRES PECHEURS il octroye
Sa ſainte Benediction,
Lors qu'en la Celeſte Sion
Tu le vois monter avec joye :
Obtiens qu'il nous beniſſe auſſi,
Pendant que nous vivons icy.

XIII.

A la descente du Saint Esprit.

MAINTENANT que je te contemple
Pleine de l'adorable Eſprit,
Qui tous les Apôtres ſurprit,
Le jour qu'il en fit ſon ſaint Temple ;
Fais-nous conſumer, en ce jour,
Du feu de ſon tres-pur amour.

XIV.

A l'Assomption de la Vierge.

A L'HEVRE mesme que ton Ame
Se separa de ton saint Corps,
Tu fus par de divins transports
Mise au Ciel, où l'on te reclame.
C'est là que ton Esprit parfait
Avec ton Corps est satisfait.

XV.

A son Couronnement.

DE NOSTRE MORT vient la journée;
Défens-y nos cœurs langoureux,
Toy, qui des Esprits bienheureux
Te vois Reine au Ciel couronnée
Par la tres-Sainte Trinité,
Qui vit à toute eternité.

Notate Verba, signate Mysteria.
D. *Greg.*

LES PRINCIPAUX MOTIFS DE CONSOLATION POUR LES AFFLIGEZ.

I.

De quelque cruauté que l'aveugle Fortune
Semble nous vouloir affliger,
Elle cherche à nous obliger ;
Car quoy qu'elle nous ſoit bien ſouvent importune ;
Ce n'eſt que pour nous corriger.

II.

Si de maux tres-cuiſans elle afflige noſtre Ame,
Et noſtre corps par ſes tourmens ;
C'eſt pour punir nos manquemens,
Et pour nous preſerver de tomber en la flâme,
Où l'on endure à tous momens.

III.

Si par son injustice & ses rigueurs extrêmes,
Elle ravit tout nostre bien,
Et nous met sous quelque lien ;
Elle enseigne qu'il faut nous posseder nous-mesmes,
Et que tout le reste n'est rien.

IV.

Si de quelques aigreurs nos plaisirs elle mesle,
C'est afin de nous réveiller,
Lors qu'elle nous voit sommeiller
Dans la volupté molle & toûjours criminelle,
Qui n'est que pour l'Ame soüiller.

V.

Si l'on voit qu'elle en veüille à nostre renommée,
Et qu'on ne s'en puisse échaper,
Tant elle sçait préoccuper ;
La renommée icy n'est qu'vn peu de fumée,
Qui ne fait que se dissiper.

VI.

Si par la faim, la soif, & mille autres détresses,
Elle nous fait long-temps souffrir
Sans quelque chose nous offrir ;
Alors la vanité de ses fausses caresses
Se peut aisément découvrir.

VII.

Si nonobstant les biens qu'icy-bas elle appreste,
Nostre cœur n'est point satisfait :
Elle témoigne par effet,
Qu'au milieu de ces biens on trouve la disete,
Et qu'elle n'a rien de parfait.

VIII.

Si du froid & du chaud, du vent & de l'orage,
Elle nous surprent quelquefois,
Quand mesme nous serions des Rois ;
Elle nous avertit, qu'en ce pelerinage
Tout homme est sujet à ses loix.

IX.

Si de sa faux tranchante elle oste nostre vie,
Et met nostre corps au tombeau ;
Il en doit renaître plus beau :
Nostre Ame cependant par les Anges ravie
Luira comme un astre nouveau.

X.

Enfin si nos amis se font nos adversaires,
Ou si nous les voyons finir ;
C'est pour nous faire souvenir,
Que les hommes s'en vont, ou deviennent contraires ;
Dieu pouvant seul nous maintenir.

XI.

Comme il eſt le principe & la ſource adorable
De noſtre Ame & de noſtre corps ;
Faiſons pour luy tous nos efforts,
Afin que noſtre cœur en ſoit inſeparable,
Puis qu'il contient les vrais treſors.

XII.

C'eſt luy d'où vient le bien, c'eſt luy d'où vient la peine,
Tout nous arrive de ſa main ;
La verge, auſſi bien que le pain :
La Fortune icy-bas eſt impuiſſante & vaine,
Luy ſeul eſt noſtre Souverain.

XIII.

Quand pour vn petit mal nous perdons patience,
Au lieu de nous humilier ;
Dieu pour nous le faire oublier,
Nous envoye vn ſujet de plus grande ſouffrance,
Sous lequel il nous faut plier.

XIV.

Souffrons pour ſon amour, ſans nous mettre en colere,
Tout noſtre mal preſentement ;
Du moins ne pouvant autrement
Changer, en nous fâchant, noſtre propre miſere,
Qui nous ſuit juſqu'au monument.

XV.

Mettons en l'avenir toute noſtre eſperance ;
Faiſant en noſtre adverſité
Vertu de la neceſſité ;
Puis que ce n'eſt qu'aprés le temps de la ſouffrance
Qu'arrive la proſperité.

XVI.

Ce que nous regretons maintenant ſur la terre,
Verſant des larmes de nos yeux,
Au ſujet de nos envieux,
Qui pour avoir nos biens nous font ſouvent la guerre ;
Se recouvrera dans les Cieux.

XVII.

Car l'heureux temps viendra d'une vie immortelle ;
Où la joye eſt avec la paix ;
Que dans le celeſte Palais
Dieu nous accordera, ſi d'un cœur tres-fidelle
Nous ſouffrons pour luy deſormais.

XVIII.

Luy-meſme ſe rendra la grande recompenſe
De ceux qui ſouffriront pour luy :
Commençons donc dés aujourd'huy
A ſouffrir de bon cœur, ſans chercher de défenſe,
Si nous l'avons pour noſtre appuy.

XIX.

Lors qu'un mal nous arrive, il faut luy rendre grace,
Qu'un plus grand mal ne vient ſur nous;
Et pour appaiſer ſon courroux,
Nous devons nous offrir devant ſa ſainte Face,
Luy diſant de cœur à genoux:

XX.

Toy qui nous a formez comme des pots de terre,
Fais de nous ce que tu voudras;
Seulement tu te ſouviendras,
De ne lancer ſur nous ton foudroyant tonnerre,
Quand pour nous juger tu viendras.

Beati qui lugent, quoniam ipſi conſolabuntur.
Matth. 5.

MEDITATION SVR L'ENFER PARTICVLIER DE L'ATHÉE HYPOCRITE.

I.

QVoy que l'oreille icy ne puiſſe pas entendre,
Et que l'eſprit humain ne puiſſe pas comprendre,
Avec quelle rigueur Dieu punit vn damné;
Je veux avec ſon aide eſſayer à décrire
Les horribles tourmens qu'il a voulu preſcrire
A l'Athée Hypocrite aux Enfers condamné.

II.

Mais il me faut devant, montrer qu'un homme Athée
Eſt celuy qui toûjours a l'Ame revoltée
Contre Dieu ſon Seigneur, juſques à le nier;
Qui mépriſe d'agir ſelon la connoiſſance
Que ſon eſprit reçoit de la Divine Eſſence,
Et qui de ſon ſalut ne ſe veut ſoucier.

III.

A l'inſtant qu'vn tel homme a quitté cette vie,
Et que l'occaſion de bien faire eſt ravie,
Il ſe voit pour jamais accablé de malheurs.
Bien qu'il ſoit dans l'Enfer des autres miſerables;
Je vay le ſeparer tant du Feu que des Diables,
Pour mieux repreſenter ſes plus grandes douleurs.

IV.

Dans vn profond cachot, ce méchant plein de rage
S'apperçoit enfermé, ſans aucun voiſinage
D'Hommes, ny de Demons, & ſans aucun lien.
Cependant on l'entend, d'vne voix fort terrible,
Se plaindre de ſon mal, quoy qu'il ſoit inviſible,
Voyant que d'en ſortir il n'a point de moyen.

V.

Son cœur par ſes deux yeux goutte à goutte diſtille,
Son corps en but aux coups en reçoit plus de mille:
Il ſe déchire ainſi qu'vn maudit enragé.
On ne peut deviner le ſujet de ſa peine,
Qui fait qu'inceſſamment il endure la gehenne,
Dautant que par luy ſeul il ſe ſent outragé.

VI.

Pour le ſçavoir, il faut qu'il déclare luy-meſme,
Comme il eſt le ſujet de ſon tourment extrême,
En ce qu'eſtant ſur terre il ſe mocquoit de Dieu;
Quoy qu'à l'exterieur, vivant en Hypocrite,
Il ſemblât à chacun que toute ſa conduite
Ne tendoit qu'à l'aimer & ſervir en tout lieu.

VII.

VII.

Malheureux que je ſuis, faut-il que je confeſſe,
(Dit cet infortuné, pour le mal qui le preſſe)
D'où viennent mes tourmens ſans eſtre dans les fers?
C'eſt que j'ay trois Fleaux attachez à mon Ame,
Qui font que ſans ſouffrir ny faim, ny ſoif, ny flamme,
J'endure tous les maux qui ſont dans les Enfers.

VIII.

Ah! Memoire ſur tout, tu m'es inſupportable,
En me repreſentant le conſeil charitable
Qu'on me donnoit du bien, pour me tirer du mal;
Pourquoy rappelles-tu ce qui m'eſt inutile,
Montrant que mon ſalut n'eſtoit que trop facile?
Car ſa perte me cauſe vn tourment ſans égal.

IX.

Pour mon plus grand malheur, quand ma Memoire ceſſe,
Mon propre Entendement de m'affliger ſe preſſe,
Me figurant la Gloire où ſont les Bienheureux;
Gloire qu'ils ont acquiſe avec bien moins de peine
Que je n'eus de plaiſir, lors qu'à perte d'haleine
Je cherchois des mondains les biens ſi dangereux.

X.

O mon Entendement! dis-moy quel bien t'apporte
Cette Gloire des Cieux dont l'eſperance eſt morte?
Tu me fais deſirer ſa beauté, ſes plaiſirs,
Sa clarté, ſa grandeur, ſon repos, ſes délices,
Pendant qu'il me faut eſtre en d'eternels ſupplices
Dont l'horreur croît autant que croiſſent mes deſirs.

XI.

Si je sens de ta part quelque peu de relâche,
Soudain ma Volonté te succede, & s'attache
A me persecuter encor tout de nouveau.
D'éviter ses tourmens en vain je me propose,
Elle ne permet pas qu'vn moment je repose,
Me faisant estre icy mon juge & mon bourreau.

XII.

Voilà les trois Fleaux qui tourmentent mon Ame,
Et qui sont convertis en l'invisible flamme
Qui me brûle, & pourtant ne peut me consumer.
Voilà ceux qui toûjours déchirent mes entrailles,
Qui me brisent le cœur sans briser mes murailles;
Enfin voilà les maux qu'on ne peut exprimer.

XIII.

Maintenant s'il me faut parler de mes offenses
Qui me font tant souffrir, aprés les connoissances
Dont j'ay tres-mal vsé pour paroître Devot;
Je ne dois point cacher plusieurs traits de malice
Qui me servoient beaucoup à déguiser le vice,
Ny feindre que j'estois vn dangereux Bigot.

XIV.

Lors que pour mes pechez la Foy me fut ostée,
Je devins tout d'un coup vn insensible Athée,
Ne pensant plus à Dieu dans mon interieur.
Cependant comme il faut que tout homme subsiste,
N'ayant métier, ny rente, où tout le bien consiste;
Je pris pour cet effet vn saint exterieur.

X V.

Je discourois du Ciel par pure hypocrisie,
Je parlois de l'Enfer selon ma fantaisie:
Je trompois quelquefois disant la verité;
Car si l'on m'appelloit devot & charitable,
J'assûrois que j'estois vn pecheur détestable,
Pour mieux faire valoir ma fausse humilité.

X V I.

Au lieu de m'occuper en quelque solitude,
A regreter sur tout mes pechez d'habitude,
Je reprenois souvent & le tiers & le quart:
Je declamois aussi contre les biens du monde,
Afin par ce moyen d'avoir la bourse ronde,
Et de m'en divertir quand j'estois à l'écart.

X V I I.

Je maudissois de plus l'Athée & l'Hypocrite,
Pour me faire estimer vn homme de merite,
Comme si j'eusse esté franc & devotieux;
Dissimulant par-là ma fine tromperie,
Et mes déreglemens avec tant d'industrie,
Que ceux qui m'en vouloient, passoient pour vicieux.

X V I I I.

Dautant qu'on me croyoit vn Esprit tres-sincere,
Avec des Libertins je me donnois carriere,
Sous pretexte d'agir pour leur conversion;
Et lors qu'on me voyoit faire quelque sotise,
Je la faisois passer seulement pour feintise,
Disant que ce n'estoit qu'à bonne intention.

XIX.

Encor que j'euſſe eſté fort ſujet à ma bouche ;
Je fuyois le travail, allant comme vne mouche
De maiſons en maiſons pour trouver mes repas.
Je me fourrois par tout, où je n'avois que faire ;
Feignant de procurer quelque devote affaire ;
Toutefois chez le pauvre on ne me voyoit pas.

XX.

Je n'allois viſiter que les perſonnes riches,
Qui, pour trop m'accorder, aux pauvres eſtoient chiches,
Juſqu'à les renvoyer ſans en avoir pitié.
Je fabriquois ſouvent de trompeurs Mariages,
Pour mon ſeul intereſt j'en faiſois les meſſages,
Qu'on jugeoit provenir d'une ſainte amitié.

XXI.

Quand je blâmois quelqu'vn, j'avois cette malice,
De l'exalter d'abord & d'en cacher le vice,
De peur qu'on n'apperceut ma noire intention :
Et puis (comme à regret) je diſois, c'eſt dommage ;
De ce qu'on ne voit pas qu'il ait cet avantage
De pouvoir en tel point vaincre ſa paſſion.

XXII.

Si quelque homme d'eſprit découvroit mes fineſſes,
Je ſçavois m'en venger nonobſtant mes careſſes,
Sous couleur que le Ciel s'y trouvoit engagé ;
Et que c'eſtoit aimer comme il faut la perſonne,
Que de la corriger ainſi que Dieu l'ordonne,
Pour ne luy pardonner qu'aprés m'eſtre vengé.

XXIII.

Je n'aurois jamais dit combien j'ay fait de crimes,
Pour qui tous mes tourmens sont dûs & legitimes,
Sur tout parce qu'en vain j'ay pris le nom de Dieu.
Helas! je m'en servois pour dorer mon affaire,
Encor que je luy fusse alors bien plus contraire,
Qu'il ne m'est aujourd'huy dans ce funeste lieu.

XXIV.

A ces mots ce méchant rentre en sa frenesie,
Détestant le peché de son hypocrisie,
Qui fait que d'un chacun il est à l'abandon:
Et moy qui vois sa peine, & qui sçais mon offense
Je veux dés maintenant en faire penitence;
Et pour la commencer, en demander pardon.

XXV.

Grand Dieu, tu peux tout seul m'accorder cette grace,
Et réchaufer le cœur que j'ay plus froid que glace,
Afin de te connoître & servir humblement.
Ne permets que je sois vn Athée Hypocrite,
Ayant déja connu sa mauvaise conduite,
Qui fait que de soy-mesme il a son châtiment.

Væ nobis miseris, ad quos Pharisæorum vitia transierunt. *D. Hieron.*

DOMNI DOMINICI ÇARTVSIANI EXHORTATIO AD POENITENTIAM.

I.

HOmo Dei creatura,
Cur in carne moriturâ
Est tam parva tibi cura
Pro æternâ Gloriâ?

Illa quanta sit si scires
Præter eam nil sitires;
Nec mundana sic ambires,
Vana, transitoria.

II.

Et si Pœnas infernales,
Agnovisses, quæ & quales,
Tuos vtique carnales
Appetitus frangeres.

TRADVCTION DE L'EXHORTATION A LA PENITENCE.

I.

HOmme creature de Dieu,
Pourquoy dans ta chair moribonde
N'as-tu pas ſoin dans ce bas lieu
De la Gloire de l'autre monde ?

Le Chreſtien qui la connoîtroit,
N'auroit jamais ſoif d'autre choſe ;
Les biens mondains il ne voudroit,
Car ils paſſent comme la roſe.

II.

Et ſi des Tourmens eternels
Il avoit quelque connoiſſance,
Auſſi-toſt des plaiſirs charnels
Il vaincroit la concupiſcence.

ꝏ

Et innumera peccata,
Dicta, facta, cogitata,
Mente totâ consternatâ
Meritò deplangeres.

III.

Tot sunt Gaudia sanctorum;
Tot Tormenta reproborum,
Quòd immanitas amborum
Nullo sensu capitur;

ꝏ

Donec Anima post mortem,
Aut bonorum sumat sortem,
Aut malorum ad cohortem
Improvisè rapitur.

IV.

Quando Caro sepelitur,
Heu! de Spiritu nil scitur;
Vtrùm gaudet an punitur,
Non fit magna mentio.

ꝏ

Luctus quidem simulatur;
Sed substantia vastatur;
In propinquis generatur
Zelus & contentio.

ꝏ

Et pour tant de pechez commis
En œuvre, parole, & pensée,
Il pleureroit d'vn cœur soûmis,
Voyant sa vie ainsi passée.

III.

Les Plaisirs du Ciel sont si doux,
Les Tourmens d'Enfer si terribles,
Qu'ils sont au jugement de tous
A nos sens incomprehensibles :

ꝏ

Jusqu'aprés l'heure de la mort,
Que l'Ame, se sentant surprise,
Des biens ou des maux a le sort,
Que maintenant elle méprise.

IV.

Le jour qu'on enterre le Corps,
On n'est guere en peine de l'Ame;
Ne voyant pas qu'elle est alors
Dans la gloire ou bien dans la flamme.

ꝏ

On fait semblant de s'attrister,
Cependant les biens on emporte;
C'est de là qu'on voit contester
Les parens d'vne étrange sorte.

V.

Mors eſt bonis, mors eſt malis,
Sed ſors nimis inæqualis
Subinfertur, æternalis
Vitæ vel interitûs.

ꝏ

Si Funera celebrantur,
Vel ſi Noti convivantur;
Nil Defuncto ſuffragantur,
Si tunc eſt immeritus.

VI.

Nullum tempus pœnitendi,
Mora nulla revertendi,
Nec tunc locus fugiendi
Miſeris ſupererit.

ꝏ

Si vis ſurſum, detrahéris;
De abyſſis extrahéris,
Vt Judici præſenteris:
Nihil tibi proderit.

VII.

Si Jeſum non dilexiſti,
Nec Mariæ ſerviviſti,
Nec Patronum quæſiviſti
Tibi in ſubſidium:

V.

Aux bons & méchans vient la mort,
D'une façon bien differente ;
Les vns elle mene à bon port,
Et les autres dans la tourmente.

ꝏ

Si les Funerailles ſe font,
Si les Amis font bonne chere,
Cela n'aide pas ceux qui ſont
Dans l'Enfer en grande miſere.

VI.

Le pardon n'eſt plus de ſaiſon,
Nul retour alors ne s'accorde;
Les méchans n'auront pas raiſon
D'implorer la miſericorde.

ꝏ

Du plus haut l'on t'abaiſſera;
On te tirera de l'abyſme,
Au Juge on te preſentera,
Comme eſtant ſa propre victime.

VII.

Si tu n'as pas aimé JESVS;
Si tu n'as pas ſervy Marie,
Ny prié quelqu'vn des Elûs
De t'aſſiſter en l'autre vie;

Quis orabit pro delicto?
Quis spondebit pro convicto?
Quis judicio tam stricto
Fiet in præsidium?

VIII.

Angeli pacis astabunt,
Sicut scriptum est plorabunt;
Justam tamen approbabunt
Judicis sententiam.

Et quod sonat magis durè,
Omnes Dei creaturæ
Aggravabunt justo jure
Ream conscientiam.

IX.

Sed, hæc factis ex scelestis,
Vera sui fiet testis;
Nullam Judicis in gestis
Intuens injuriam.

Tunc horribiles tortores
Tot incutient terrores,
Vt jam sentiens dolores
Vertatur in furiam.

❦

Qui parlera pour toy, pecheur?
Qui répondra pour ton offense,
Au jugement plein de rigueur,
Afin de prendre ta défense?

VIII.

Les Anges de paix y seront,
Versant des pleurs sur ta misere,
Cependant ils approuveront
Ta Sentence, quoy que severe.

❦

Ce qui sera de plus affreux,
C'est que toutes les creatures
Aggraveront du malheureux
La conscience avec injures.

IX.

Ce malheureux dans son transport
Témoignera contre soy-mesme,
Que son Juge n'a point de tort,
Quoy que sa rigueur soit extrême.

❦

Pour lors les horribles bourreaux
Livreront telle baterie,
En l'accablant de mille maux,
Qu'il entrera dans la furie.

X.

Tunc à Bonis reprobata,
In ſeipſâ deſperata,
Anima ſic deſolata
In profundum mergitur.

Vbi chaos obſirmatur,
Nunquam vt egrediatur,
Sicut Abraham teſtatur;
Hùc, illùc non pergitur.

XI.

O quæ lingua vel narrare,
Vel quis ſenſus cogitare,
Quis vel audet numerare
Mala multiplicia:

Quæ damnandis ſunt parata,
Et diverſis deputata,
Prout ſingula peccata
Exigunt & vitia?

XII.

Ignis, frigus procellarum,
Sulphur, fœtor tenebrarum,
Jugis luctus Animarum,
Pars eorum calicis.

X.

L'Ame reduite au deſeſpoir,
De ſe voir des Bons ſeparée,
Dans l'abyſme ſe verra cheoir,
Pour vne eternelle durée.

En cet effroyable chaos,
Sans jamais ſortir, elle endure
Des tourmens ſans aucun repos,
Ainſi qu'Abraham nous l'aſſûre.

X I.

Quelle langue pêut raconter,
Ou quels ſens peuvent bien comprendre;
Ou qui meſme oſe bien compter
Tous les maux qu'on y doit attendre?

Aux damnez ils ſont preparez,
Diverſement on les diſpenſe;
Dieu punit ces deſeſperez,
Selon qu'exige leur offenſe.

X I I.

Le chaud, le froid, les puanteurs,
Le ſoufre, la nuit, l'eſclavage,
Et les continüelles pleurs,
Ne ſont que leur moindre partage.

Sempiterna mors, dracones,
Fames, dæmones, bufones,
Amariſſimos agones
Superaddunt miſeris.

XIII.

Tot ſunt loca tenebroſa,
Tot tormenta monſtruoſa,
Quòd hæc terra ſpatioſa,
Atque viſibilia

Quaſi parum ſint miranda,
Nec ad illa comparanda:
Iſta quippe enarranda,
Hæc indicibilia.

XIV.

Sic lætitia Sanctorum,
Jucunditas Angelorum,
Dei Gloria Deorum
Eſt inenarrabilis.

Eris clarè Deum videns,
Amans, fruens, tenens, fidens,
Potens, ſciens, placens, ridens,
Fulgens, liber, agilis.

❦

L'eternelle mort, les dragons,
La faim, les crapaux, & les diables,
Augmentent dans ces lieux profonds
La peine de ces miserables.

XIII.

Là sont tant de lieux tenebreux,
Et tant de monstrueux supplices,
Que ce qu'on voit icy d'affreux,
Y passeroit pour des délices.

❦

Tout ce qu'on pourroit endurer
Des cruels Tyrans sur la terre,
Ne se peut en rien comparer
A cette infernale misere.

XIV.

Ainsi les Anges sont aux Cieux,
Et les Saints en joye incroyable;
La Gloire aussi du Dieu des Dieux
Est maintenant inconcevable.

❦

Tu verras ton Dieu clairement;
Tu l'aimeras d'un cœur paisible;
Ton corps sera parfaitement
Subtil, clair, agile, impassible.

XV.

Vbi Conditoris tui
Vultu ſemper poſſis frui :
Felix prorſus, illa cui
Viſio conceditur :

ꝏ

A quâ nunquam ſeparatur,
Sed perpetuò lætatur :
Mali nihil formidatur,
Nec quis ibi læditur.

XVI.

Illic Angelorum chori,
Sancti facie decori :
Vivere nec vnquam mori,
Mortis nec memoria.

ꝏ

In æternum ſed gaudere,
Summo Bono inhærere ;
Cuncta bona poſſidere
In æternâ Gloriâ.

XVII.

Nunquam auris hìc audivit,
Nec videre quiſquam ſcivit ;
Solùm qui in cœlis vivit
Scit experientiâ :

X V.

Puiſſe-tu de ton Createur
Contempler la divine Face,
Heureux d'en eſtre ſpectateur,
Et d'avoir toûjours cette Grace.

ꝏ

L'on ne s'en voit point écarter,
Et l'on eſt ſans ceſſe en délices :
Le mal ne s'y peut contracter,
Et nul n'y ſouffre aucuns ſupplices.

X V I.

Les chœurs des Anges s'y font voir,
Et des Saints la face tres-belle,
La mort n'y trouve aucun pouvoir,
C'eſt là qu'eſt la vie immortelle.

ꝏ

Car on s'y réjoüit toûjours,
Au ſouverain Bien l'on adhere ;
De tous les biens eſt le concours
Dans cette Gloire qu'on eſpere.

X V I I.

L'oreille icy n'entend jamais,
Ny l'œil n'a point la connoiſſance ;
Mais qui vit dans le Ciel en paix,
Sçait par ſa propre experience :

ꝏ

Quid à malis liberati,
Et in gloriâ locati,
Ipſi poſſident Beati
In Chriſti præſentiâ.

XVIII.

Sed his paucis propalatis,
Partim tactis & narratis,
Quæ tum Sanctis tum damnatis
Præparata legimus.

ꝏ

Jam prudentiùs agamus,
Sanctam vitam eligamus,
In hoc mundo defleamus
Mala quæ peregimus.

XIX.

Non vivamus ut jumenta,
Ne poſt mortem ad tormenta
Veniamus & lamenta
Intolerabilia.

ꝏ

Modò veniam precemur,
Mortem Chriſti meditemur,
Ad ſuperna præparemur
Deſiderabilia.

❦

Que ceux qui rompans leurs liens,
Dans la Gloire ont trouvé leur place,
Goûtent toutes ſortes de biens,
Contemplant JESUS-CHRIST en face.

XVIII.

Ces deux états eſtant prouvez,
Par ce qu'on touche, & qu'on doit croire;
Des Elûs & des Réprouvez
Ne perdons jamais la memoire.

❦

Agiſſons tous plus ſagement,
Choiſiſſons vne ſainte vie,
Pleurons nos pechez tendrement
Qui la Grace nous ont ravie.

XIX.

N'imitons pas les gens brutaux,
De peur d'eſtre un jour miſerables,
Et d'aller ſouffrir tous les maux
Que nous croyons intolerables.

❦

Meditons la mort du Sauveur,
Des pechez ayons repentance,
Preparons-nous avec ferveur
A monter au lieu de plaiſance.

X X.

Ecce Mundus evanescit,
Decor ejus jam marcescit,
Et quotidie vilescit
Fallax ejus gloria,

Quæ demergit ad inferna.
Ergo Gloria superna,
Vita nobis sempiterna
Jugis sit memoria.

X X I.

Vt defuncti sublevemur,
Cum Cœlestibus lætemur,
Et in Deo gloriemur
Summè delectabili :

Qui solus glorificandus
Est, amandus & optandus,
Laudéque magnificandus
Est interminabili.

Memorare novissima tua, & in æternum non peccabis. *Eccli.* 7.

XX.

Ce Monde trompeur vient à rien,
Et ſa fleur eſt déja flétrie,
Tous les jours on s'apperçoit bien
Que ſa gloire eſt fort déperie.

Elle plonge dans les Enfers :
C'eſt pourquoy la celeſte Gloire,
Pour enfin nous tirer des fers,
Soit toûjours en noſtre memoire.

XXI.

Afin qu'eſtant morts nous ayons
Au Ciel vn repos veritable,
Et que nous nous glorifions
En Dieu grandement délectable.

C'eſt luy ſeul qu'il faut adorer,
Qu'il faut deſirer ſur la terre,
Et qu'il faut toûjours honorer,
Avec un amour tres-ſincere.

Souvien-toy de tes fins dernieres, & tu ne pecheras jamais. *Eccli.* 7.

SERMO DOMINI NOSTRI JESU-CHRISTI AD OMNES ECCLESIÆ SUÆ PASTORES.

I.

PIscatores hominum, Sacerdotes Dei,
Præcones veridici, Lucernæ diei;
Charitatis radio fulgentes & Spei,
Auribus percipite verba oris mei.

I I.

Vos in Sanctuario mihi deservitis:
Vos vocavi Palmites, ego vera Vitis;
Cavete ne steriles aut inanes sitis,
Si cum vero Stipite vivere velitis.

TRA-

TRADVCTION DV DISCOVRS DE IESVS-CHRIST AVX PASTEVRS DE SON EGLISE.

I.

PRestres du Dieu vivant, Pescheurs d'hommes coû-[pables,
Trompetes de la Foy, brillans Flambeaux du jour,
Qui jettez des rayons d'Esperance & d'Amour;
Ecoutez de ma voix les propos veritables.

II.

Vous me rendez service estant au Sanctuaire:
Je me suis dit la Vigne, & vous les vrais Sarmens;
Ne soyez point sans fruits, ny sans accroissemens,
Pour vivre avecque moy d'vne vie exemplaire.

III.

Vos estis Catholicæ Legis Protectores ;
Sal terræ, Lux hominum, ovium Pastores ;
Muri Domûs Israël, morum Correctores,
Judices Ecclesiæ, gentium Doctores.

IV.

Si cadat Protectio Legis, Lex labetur ;
Si Sal evanuerit, in quo salietur ?
Nisi Lux appareat, via nescietur :
Et ni Pastor vigilet, ovile frangetur.

V.

Vos cœpistis vineam meam procurare,
Hanc doctrinæ rivulis debetis rigare ;
Spinas atque tribulos prorsus extirpare ;
Ut radices Fidei possint germinare.

VI.

Vos estis in areâ Boves triturantes,
Prudenter à paleâ granum separantes :
Vos habent pro speculo Legem ignorantes
Populi, qui fragiles sunt & inconstantes.

VII.

Quicquid vident Laïci vobis displicere,
Dicunt procul-dubio sibi non licere ;
Et quicquid vos opere vident adimplere,
Credunt esse licitum, & culpâ carere.

III.

Vous estes les Soûtiens des Loix Evangeliques ;
La Lumiere, le Sel, l'Exemple, les Pasteurs,
Les Remparts d'Israël, les Medecins des mœurs ;
Les Juges de Sion, les Docteurs Catholiques.

IV.

Si vous venez à choir, il faut que la Loy tombe ;
Si le Sel se corrompt, dequoy peut-on saler ?
Sans Lumiere on ne sçait par où l'on doit aller ;
Le troupeau souffrira, si le Pasteur succombe.

V.

Vous avez commencé de cultiver ma vigne ;
Vous devez l'arroser des ruisseaux du Sçavoir ;
Les ronces arracher de tout vostre pouvoir,
Afin que de la Foy la racine provigne.

VI.

Comme vn Batteur en grange il vous faut estre habiles ;
Separant prudemment la paille du bon grain :
Vous estes de ma Loy le miroir tres-certain,
Pour les peuples legers, ignorans, & fragiles.

VII.

Les Laïques voyant ce qui peut vous déplaire ;
Confessent que cela ne leur est point permis ;
Ce qu'ils sçavent d'ailleurs que vous avez commis ;
Ils pensent que sans crime ils le peuvent bien faire.

VIII.

Cùm Paſtores ovium ſitis conſtituti,
Non eſtote deſides ſicut canes muti,
Vobis non deficiant latratus acuti;
Lupus rapax invidet ovium ſaluti.

IX.

Grex Fidelis triplici cibo ſuſtinetur,
Meo ſacro Corpore, quo ſalus augetur;
Sermonis compendio, quod diſcretè detur;
Ciboque corporeo, ne periclitetur.

X.

Omnibus tenemini veſtris prædicare;
Sed quid, quibus, qualiter, vbi, quando, quare,
Debetis ſollicitè præconſiderare;
Ne quis in officio dicat vos errare.

XI.

Spectat ad officium veſtræ dignitatis,
Gratiæ petentibus dona, dare gratìs:
Nam ſi vnquam Fidei munera vendatis,
Incurſuros Giezi lepram vos ſciatis.

XII.

Gratìs Euchariſtiam plebi miniſtrate;
Gratìs Confitemini, gratìs Baptiſate;
Vobis data cœlitùs cuncta gratìs date;
Solum id quod fuerit veſtrum conſervate.

VIII.

Vous ayant établis Pasteurs de mes oüailles,
Ne soyez pas muets comme chiens endormis,
Aboyez fortement contre leurs ennemis;
Le loup pour les ravir est proche des murailles.

IX.

Mon troupeau se nourrit d'vne triple pâture,
De mon Corps qui luy donne vn saint accroissement;
De ma Loy qu'il luy faut exposer prudemment;
Et du Pain corporel, qui soûtient sa nature.

X.

Vous estez obligez d'enseigner tous les vostres;
Mais vous devez prévoir exactement pourquoy,
Comment, en quel endroit, quelles gens, quand & quoy;
De crainte de manquer en ce devoir d'Apostres.

XI.

Vostre Charge requiert que les dons de la Grace
Soyent accordez gratis à tous selon ma Loy:
Car si vous trafiquez des presens de la Foy,
Du lepreux Giezi vous aurez la disgrace.

XII.

Au Peuple administrez la sainte Eucharistie;
Baptisez, Confessez, faites les Onctions;
Donnez les biens du Ciel sans retributions;
Ne gardez que vos droits avecque modestie.

XIII.

Vestra conversatio sit religiosa,
Munda conscientia, vita virtuosa;
Regularis habitus, mensque gratiosa:
Nulla vos coinquinet labes criminosa.

XIV.

Nullus fastus elèvet statum vestræ mentis;
Gravis in intuitu habitus, sit testis:
Nil vos illaqueet curis inhonestis,
Quibus claves traditæ sunt regni cœlestis.

XV.

Estote breviloqui, ne vos ad reatum
Pertrahat loquacitas nutrix vanitatum:
Verbum quod loquimini sit abbreviatum;
Nam in multiloquio non deest peccatum.

XVI.

Estote Benevoli, Sobrij, Prudentes;
Justi, Casti, Simplices, Pij, Patientes,
Hospitales, Humiles, subditos Docentes;
Consolantes miseros, pravos Corrigentes.

XVII.

Si totam vos denique Legem impleatis,
Declinantes à malo, bonum faciatis;
Auxiliator ero vestræ pietatis,
Mecum in perpetuum vt vos gaudeatis.

XIII.

En conversation soyez irreprochables ;
Ayez le cœur tres-pur, & remply de vertus ;
Paroissez gracieux, & decemment vétus :
D'aucun acte mauvais ne vous rendez coûpables.

XIV.

N'élevez vostre esprit par aucune arrogance ;
Que vos graves maintiens, en soient les vrais témoins ;
Ne vous engagez pas à de profanes soins,
Puis que les clefs du Ciel sont en vostre puissance.

XV.

Ne parlez pas beaucoup, & tenez pour maxime,
Que le caquet nourrit la sotte vanité :
Dites en peu de mots la pure verité ;
Car le trop long discours n'est pas exempt de crime.

XVI.

Soyez Officieux, Sobres, & Charitables,
Justes, Chastes, Devots, Simples, & Patiens,
Humbles, Hospitaliers, & Directeurs prudens ;
Aidez les affligez, corrigez les coûpables.

XVII.

Si vous gardez mes Loix avec exactitude,
En évitant le mal, & pratiquant le bien ;
De vostre pieté je seray le soûtien,
Pour vous conduire vn jour dans ma beatitude.

XVIII.

Cùm enim gesseritis curam Pastoralem,
Veréque vixeritis vitam spiritalem;
Postquàm exueritis chlamydem carnalem;
Ipse vobis induam stolam immortalem.

Sic luceat lux vestra coram hominibus, vt videant opera vestra bona, & glorificent Patrem vestrum qui in cœlis est. *Matt.* 5.

XVIII.

Car ayant pris le ſoin de mon Troupeau fidelle,
Et dans l'interieur vécu parfaitement;
Vous eſtant dépoüillez du charnel vétement,
Je vous revétiray de la robe immortelle.

Que vôtre lumiere luiſe en telle ſorte devant les hommes, qu'ils voyent vos bonnes œuvres, & qu'ils glorifient voſtre Pere qui eſt dans les Cieux. *M.* 5.

CANTICVM BEATI IACOPONI DE CONTEMPTV MVNDI.

I.

CVr mundus militat sub vanâ Gloriâ,
Cujus Prosperitas est transitoria ?
Tam citò labitur ejus Potentia,
Quàm vasa Figuli quæ sunt fragilia.

II.

Plus crede litteris scriptis in glacie,
Quàm mundi fragilis vanæ fallaciæ ;
Fallax in præmiis virtutis specie,
Quæ nunquam habuit tempus fiduciæ.

TRADVCTION DV CANTIQVE SVR LE MÉPRIS DV MONDE.

I.

POurquoy combattre tant ſous la Gloire mondaine,
Dont la Proſperité paſſe dans vn moment ?
Sa Puiſſance déchoit auſſi ſubitement,
Qu'vn vaiſſeau de Potier qui ſe briſe ſans peine.

II.

Crois plûtoſt à la lettre écrite ſur la glace ;
Qu'aux vaines fauſſetez de ce monde trompeur ;
Il n'a dans ſes preſens que du bien la couleur,
Qui n'eut jamais le temps d'un ſuccés efficace.

III.

Credendum magis eſt viris fallacibus ;
Quàm mundi miſeris proſperitatibus,
Falſis inſomniis, & vanitatibus,
Falſis & ſtudiis, & voluptatibus.

IV.

Dic vbi Salomon olim tam nobilis ?
Vel vbi Samſon eſt dux invincibilis ?
Vel pulcher Abſalon vultu mirabilis ?
Vel dulcis Jonathas multùm amabilis ?

V.

Quò Cæſar abiit celſus imperio ?
Vel Dives ſplendidus totus in prandio ?
Dic vbi Tullius clarus eloquio ?
Vel Ariſtoteles ſummus ingenio ?

VI.

Tot clari Proceres, tot rerum ſpatia,
Tot ora Præſulum, tot regna fortia,
Tot mundi Principes, tanta potentia,
In ictu oculi clauduntur omnia.

VII.

Quàm breve feſtum eſt hæc mundi gloria !
Vt umbra hominis ſunt ejus gaudia,
Quæ ſemper ſubtrahunt æterna præmia,
Et ducunt hominem ad dura devia.

III.

Il vaut mieux s'arrester aux hommes variables,
Que du monde inconstant croire aux prosperitez,
Aux fausses visions, & sottes vanitez;
Aux desirs superflus, & plaisirs perissables.

IV.

Où Salomon est-il avecque sa noblesse,
Et parmy les combats l'invincible Samson?
Peut-on voir maintenant le tres-bel Absalon,
Et le doux Jonathas si digne de caresse?

V.

Qu'est devenu Cesar & sa haute puissance,
Ou ce Riche gourmand si superbe en festins?
Montre-moy Ciceron l'Orateur des Latins,
Ou le grand Aristote admirable en science?

VI.

Tant d'hommes signalez, tant de si grandes choses,
Tant de sçavans Prelats, tant de regnes si forts,
Tant de Princes fameux, tant de puissans efforts;
Dans vn petit clin d'œil, ces merveilles sont closes.

VII.

Que la gloire du monde est vne courte joye!
Comme l'ombre d'un homme, ainsi sont ses plaisirs,
Qui des biens eternels ostent les saints desirs,
Et détournent le cœur dans vne rude voye.

VIII.

O eſca vermium ! ô maſſa pulveris !
O ros ! ô vanitas ! cur ſic extolleris ?
Ignorans penitùs vtrùm cras vixeris,
Fac bonum omnibus quandiu poteris.

IX.

Hæc carnis gloria, quæ magni penditur,
Sacris in Litteris flos fœni dicitur;
Vt leve folium quod vento rapitur,
Sic vita hominis hâc vitâ tollitur.

X.

Nil tuum dixeris, quod potes perdere;
Quod mundus tribuit, intendit rapere:
Superna cogita, cor ſit in æthere,
Felix qui potuit mundum contemnere !

Mundus tranſit, & concupiſcentia ejus.
I. *Ioan.* 2.

VIII.

O pâture des vers ! ô maſſe de pouſſiere !
Pourquoy t'éleves-tu roſée, & vanité ?
Ne ſçachant ſi demain tu ſeras en ſanté,
Fais du bien à chacun tant que tu le peux faire.

IX.

La gloire de la chair, dont on fait tant d'eſtime ;
Dans les Livres ſacrez n'eſt qu'vn foin fleuriſſant ;
Comme vne ſimple feüille eſt emportée au vent,
Ainſi l'homme eſt privé du ſouffle qui l'anime.

X.

Sur ce que tu peux perdre, aucun eſpoir ne fonde ;
Ce que le monde donne, il pretend le ravir :
Penſe aux choſes d'en-haut, mets-y tout ton deſir,
Heureux qui de bon cœur a mépriſé le monde !

Le Monde paſſe avec ſa convoitiſe.
1. *Ioan.* 2.

ORATIO SANCTI THOMÆ AQUINATIS AD SACRAM EUCHARISTIAM.

I.

ADoro te devotè latens Deitas,
Quæ ſub his figuris verè latitas;
Tibi ſe cor meum totum ſubjicit,
Quia te contemplans totum deficit.

II.

Viſus, Tactus, Guſtus in te fallitur,
Sed Auditû ſolo tutò creditur:
Credo quicquid dixit Dei Filius,
Nil hoc Verbo veritatis verius.

TRADVCTION DE L'ORAISON DE S. THOMAS A LA SACRÉE EVCHARISTIE.

I.

Je t'adore humblement, ô Majeſté tres-ſainte,
Qui ſous ces accidens caches ta Deïté;
Mon cœur te rend hommage avec ſincerité,
Car en te contemplant, il eſt ſaiſi de crainte.

II.

Les Sens à ton ſujet ſont dans l'erreur extrême;
Mais par la ſeule Ouïe on te croit en ce lieu:
Je crois tout ce qu'a dit le propre Fils de Dieu;
N'eſtant rien de plus vray que la Verité meſme.

III.

In cruce latebat ſola Deitas,
At hic latet ſimul & humanitas;
Ambo tamen credens atque confitens,
Peto quod petivit Latro pœnitens.

IV.

Plagas ſicut Thomas non intueor,
Deum tamen meum te confiteor!
Fac me tibi ſemper magis credere,
In te ſpem habere, te diligere.

V.

O Memoriale mortis Domini!
Panis vivus, vitam præſtans homini:
Præſta meæ menti de te vivere,
Et te illi ſemper dulce ſapere;

VI.

Pie Pelicane, Jeſu Domine,
Me immundum munda tuo Sanguine;
Cujus vna ſtilla ſalvum facere
Totum mundum quit ab omni ſcelere.

VII.

Jeſu, quem velatum nunc aſpicio,
Oro fiat iſtud quod tam ſitio;
Vt te revelatâ cernens facie,
Viſu ſim beatus tuæ gloriæ.

III.

Tu cachois en la Croix ta Deïté parfaite,
Et tu caches icy ta ſainte Humanité ;
Confeſſant l'vne & l'autre en cette obſcurité,
Du Larron penitent je fais l'humble requeſte.

IV.

Sans voir, comme Thomas, ny toucher tes bleſſures,
Je te crois le vray Dieu, qui me donne ſecours :
Fais que de plus en plus ma Foy croiſſe toûjours,
Que j'eſpere en toy ſeul, & t'aime ſans meſures.

V.

Sacré Memorial de la mort de mon Maiſtre !
Pain vivant de qui l'homme emprunte ſa vigueur :
Accorde que de toy ſe nourriſſe mon cœur,
Et que dans toy ſon gouſt il puiſſe toûjours mettre.

VI.

Adorable Sauveur, Pelican charitable,
Lave mon Ame impure en ton Sang precieux ;
Dont vne goutte peut abſoudre, & mettre aux Cieux,
Vn monde qui ſeroit de tout peché coûpable.

VII.

JESVS que j'apperçois voilé dans le Ciboire,
Fais ſelon ce deſir qui m'altere ſi fort ;
Que m'ayant découvert ta Face aprés la mort,
Je vive bienheureux en contemplant ta gloire.

HYMNUS DEVOTI THOMÆ A KEMPIS

DE S. IOANNE BAPTISTA.

I.

GAude Mater Ecclesia,
De Præcursoris gloriâ :
Hic est Joannes-Baptista,
Repletus Dei gratiâ.

II.

Sanctus natus ex vtero,
Exultavit in gaudio,
Cùm Redemptor virgineo
Clausus adesset thalamo.

TRADVCTION D'VNE HYMNE A L'HONNEVR DE SAINT IEAN BAPTISTE.

I.

QVe nostre Mere Eglise admire avecque joye
La gloire de Saint Jean, l'illustre Precurseur :
De grace il fut remply, pour estre intercesseur
Envers Dieu, dont il sçeut nous preparer la voye.

II.

Il fut sanctifié mesme avant sa naissance,
Il tressaillit de joye au ventre maternel,
Quand JESVS le purgea du crime originel,
Et qu'au sein d'vne Vierge il cachoit sa presence.

III.

Annis adhuc ſub teneris,
Cunctis relictis civibus,
Inſtinctu Sancti Spiritûs,
Fit Eremita ſtrenuus.

IV.

Pilis cameli tegitur,
Locuſtâ vili paſcitur;
Viam anguſtam graditur;
Per quam cœlum aſcenditur.

V.

Tantis fulgens virtutibus;
Joannes compar Angelis,
Prædicavit in populis,
Ecce Agnus Dei Chriſtus.

VI.

Ab ejus ſacris manibus
Baptiſatur Altiſſimus:
Stupet Baptiſta humilis,
Quia ſic fecit Dominus.

VII.

Traditur tandem carceri
Ardens Lucerna Fidei:
Feritur Amicus ſponſi
Gladio Regis impij,

III.

Lors qu'il estoit encore à l'âge le plus tendre,
Il quitta les Citez que le monde cherit ;
Et par vn mouvement qu'il eut du Saint Esprit,
Dans vn affreux desert tout seul il s'alla rendre.

IV.

D'vn dur poil de chameau sa chair estoit vêtuë,
L'abjecte sauterelle estoit son aliment ;
Le dessein de monter jusques au Firmament,
Fit qu'il en prit la voye étroite & peu connuë.

V.

Par ses hautes vertus il fut égal aux Anges,
Son Nom luisoit par tout comme vn astre nouveau ;
Il fit voir que de Dieu JESUS-CHRIST est l'Agneau,
Dont il préchoit souvent les divines loüanges.

VI.

Le Fils du Roy des Roys vint à luy sans escorte,
Et se fit Baptiser de sa benite main :
L'humble Saint fut surpris sur le bord du Jourdain,
Voyant que le Seigneur en vsoit de la sorte.

VII.

Enfin ce clair Flambeau de la Foy Catholique
Fut caché dans la nuit d'vne obscure prison :
Cet Amy de l'Epoux fut frapé sans raison,
Par le glaive d'vn Roy sanguinaire & lubrique.

VIII.

Sed mox assistunt Angeli,
Voce canentes parili;
Huic debetur Martyri
Corona jure triplici.

IX.

Nam Doctor fuit inclytus,
Et Martyr invictissimus;
Sed & Virgo purissimus
Joannes vir sanctissimus.

X.

Deo Patri sit gloria,
Ejusque soli Filio,
Cum Spiritu Paraclito,
Et nunc & in perpetuum.

Inter natos mulierum non surrexit major. *Matth.* 11.

VIII.

Mais les Anges ſur l'heure auprés de ſa perſonne ;
Dirent, pour l'honorer, d'vn ton melodieux ;
L'Ame de ce Martyr qui doit monter aux Cieux,
Merite bien d'avoir vne triple couronne.

IX.

Car il fut d'un chacun le Docteur admirable ;
Il répandit ſon Sang préchant la verité,
Il fut le vray miroir de la Virginité ;
En vn mot ce grand Saint fut l'Homme incomparable.

X.

Que la gloire à jamais en ſoit à Dieu le Pere,
Comme au Verbe Eternel, ſon ſeul Fils JESUS-CHRIST ;
Et que le meſme honneur ſe rende au Saint Eſprit,
Qui les vnit tous deux par vn profond myſtere.

Entre ceux qui ſont nez des femmes, nul n'a paru plus grand que luy. *Matth.* 11.

SVR LE CHEF DE S. IEAN-BAPTISTE.

SONNET.

NOble Cité d'Amiens, ma tres-aimable Mere,
Réjoüis-toy d'avoir Saint Jean le Precurseur
Pour vn de tes Patrons, & pour ton Defenseur,
Quand tu sçais l'invoquer au temps de ta misere.

Dans vn riche plat d'or son vray Chef on revere,
Au milieu de ton Temple admirable en grandeur :
C'est là que tes Enfans avec beaucoup d'ardeur,
Ont tous recours à luy, comme à leur propre Pere.

Constantinople avoit ce Gage precieux,
Mais l'an mil deux cens six, vn Monarque pieux
Fut cause qu'vn des tiens l'eut par son industrie.

Estime ce Dépost plus qu'on ne prise l'or,
Pour moy je tiens heureux ceux qui t'ont pour patrie,
Te voyant posseder vn si rare Tresor.

LA VIE DV GLORIEVX MARTYR S. QVENTIN PATRON DV VERMANDOIS.

I.

IL me prend vne ſainte envie
De chanter l'admirable vie
Du noble Martyr SAINT QVENTIN;
Afin de bien ſuivre l'exemple
De tous ceux qui dans ſon beau Temple
Vont le loüer ſoir & matin.

II.

Mais de peur que mon entrepriſe
Ainſi qu'vn vaiſſeau ne ſe briſe
Avant que d'arriver au port;
J'invoque ce Saint charitable,
Comme le Patron veritable,
Qui doit eſtre icy mon ſupport.

III.

Ce fut dans la Ville de Rome,
Que l'on vit naître ce grand homme
Fils de Zenon le Senateur,
Et que la sainte Providence
Luy fit trouver la renaissance
Dans l'Eau vive du Redempteur.

IV.

Avec l'assistance Divine,
La Vertu prit telle racine
Dans son chaste & genereux cœur,
Qu'il eut bien assez de courage,
Pour délaisser son heritage,
De soy-mesme estant le vainqueur.

V.

Il sortit de sa propre Ville,
Pour venir précher l'Evangile,
Avec onze braves Romains,
Dans ce grand Royaume de France;
Où chacun fit sa residence,
S'y separant par les chemins.

VI.

Amiens par ce Saint fut choisie,
Mais Satan par sa jalousie
Empéchoit qu'elle ouvrît les yeux
A cette brillante lumiere,
Qui venoit fraper sa paupiere,
Par des attraits devotieux.

VII.

Vn Preſident fier & barbare,
Qu'on appelloit Rixiovare,
Le fit foüetter au meſme inſtant
D'vne maniere ſi terrible,
Qu'il n'eſtoit pas preſque poſſible
Qu'il demeuraſt ferme & conſtant.

VIII.

Mais Dieu qui jamais n'abandonne,
Aucune devote perſonne,
Voyant ſa grande affliction,
Luy fortifia le courage
Par vn Angelique meſſage,
Dans cette perſecution.

IX.

D'ailleurs, par ſa toute-puiſſance
Il fit tomber en défaillance
Les bras de ſes cruels bourreaux,
Leur faiſant ſentir les premices
Des plus redoutables ſupplices
Qui ſoient dans les lieux infernaux.

X.

Victorieux de leur manie,
Et de leur fiere tyrannie,
Il fut jetté dans la priſon,
Où Dieu répandit tant de charmes,
Qu'il transforma ce lieu de larmes
En vne agréable maiſon.

X I.

Aprés s'eſtre mis en priere,
Avec vne eſperance entiere,
Le ſommeil vint pour ſon repos.
Ce fut durant cét intervalle,
Qu'vn Ange en ce cachot tres-ſale
Luy tint cét excellent propos.

X I I.

Sors de ce lieu plein de miſere,
Et d'vn zele ardent perſevere
A publier la verité ;
Voicy que je t'ouvre la porte,
Et que pour ton Dieu je t'exhorte
A quitter cette obſcurité.

X I I I.

Eſtant délivré par miracle,
Conformément à cét oracle,
Il préche au Peuple JESUS-CHRIST ;
Et changeant ſes fers en couronnes,
Il convertit ſix cens perſonnes,
Par la Grace du Saint Eſprit.

X I V.

Que fait pour lors Rixiovare ?
De nouveaux tourmens il prepare
A cét invincible Martyr ;
Il le fait mettre à la torture,
Que ce Saint conſtamment endure
Sans qu'il s'y laiſſe pervertir.

XV.

On luy déchire les entrailles
Avec des râteaux & tenailles,
Sur le chevalet étendu :
D'vn feu cuisant il sent l'atteinte,
Sans que jamais vn mot de plainte
De sa bouche soit entendu.

XVI.

D'vn œil qui n'a rien de farouche
Il reçoit la chaux dans sa bouche,
Avec le vinaigre & le fiel,
De cette Nation profane,
Comme s'il goûtoit de la manne,
Que Dieu fit descendre du Ciel.

XVII.

Il est conduit chargé de chaînes,
Aprés tant de sortes de gehennes,
Dans l'Auguste du Vermandois :
Rixiovare y vient ensuite,
Croyant le faire en sa poursuite
Renoncer aux divines Loix.

XVIII.

Ce Juge remply de furie,
De ne pouvoir par flaterie
Corrompre sa fidelité,
Luy fait entrer par les épaules
Deux ferremens, qui dans les Gaules
N'ont pas de nom fort vsité.

XIX.

Il ſouffre des douleurs aiguës,
Par dix alênes tres-pointuës
Que l'on fiche au bout de ſes doigts;
Et ſans qu'il forme aucun murmure,
Le feu derechef il endure
Sur ſon corps en pluſieurs endroits.

XX.

Il n'avoit aucune partie,
Qui ne fuſt alors inveſtie
De quelques cuiſantes douleurs;
Mais il ſouffroit toutes ces choſes,
Comme ſi couché ſur les roſes
Il n'euſt reſſenty que des fleurs.

XXI.

Le Tyran forcené de rage,
Voyant ce genereux courage
Triompher de ſa cruauté,
Luy fait enfin trancher la teſte.
Ce grand Saint par cette tempeſte
Arrive à la felicité.

XXII.

A l'inſtant que le cimeterre
A renverſé ſon corps par terre,
Son Eſprit monte dans les Cieux,
Pour s'y voir aſſis ſur vn thrône,
Où Dieu luy donne la couronne
Deuë à ſes travaux glorieux.

XXIII.

Car aussi-tost qu'on le décole,
Son Ame dans le Ciel s'envole,
Sous la forme d'vn pigeon blanc;
Afin de donner à connoître,
Qu'il s'en va dignement accroître
Des prudentes Vierges le rang.

XXIV.

Son Corps privé de la lumiere
Est jetté dans vne riviere
Chargé d'vn tres-pesant fardeau,
Pour estre bien-tost la pâture
Des animaux que la nature
Fait naître dans le fond de l'eau.

XXV.

Ainsi le Corps de ce saint Homme
Fut de nuit caché dans la Some
Par ceux qui l'avoient fait mourir;
Afin d'anéantir sa gloire,
Et de consumer sa memoire,
Qui ne pourra jamais perir.

XXVI.

Cinquante-cinq ans se passerent,
Depuis que ce Corps ils jetterent
Au fond du liquide element;
Quand Eusebe Dame Romaine
L'en tira sans aucune peine,
Avec le Chef separément.

XXVII.

Sa veuë ayant esté perduë,
Aprés neuf ans luy fut renduë,
Pour voir ce Dépost precieux,
Que la Divine Providence
Découvrit pour lors à la France;
Par ce moyen prodigieux.

XXVIII.

Elle pensoit, venant de Rome,
Porter le Corps de ce saint Homme
A Vermand Château des Romains;
Mais à son dessein Dieu s'oppose,
Et veut qu'en sa Ville il repose,
Aprés ses tourmens inhumains.

XXIX.

Il reduisit à l'impossible,
Par vne pesanteur sensible,
La translation de ce Corps;
Alors cette Dame fidelle,
Pour luy bâtir vne Chapelle
Employa ses riches tresors.

XXX.

Le temps qui toutes choses efface;
Fit qu'on ne sçavoit plus la place
Où s'en estoit fait le transport;
Quand Maurin par vne imposture,
Presumant d'en faire ouverture,
Fut puny d'vne horrible mort.

XXXI.

Mais Saint Eloy dans ſa priere
Sceut d'vne admirable maniere
Où ce Corps eſtoit en repos :
Ce Prelat le leve & le place
Dans vne precieuſe Chaſſe,
Qu'il fit pour le tenir enclos.

XXXII.

Depuis, Saint Loüis Roy de France,
Le fit poſer en ſa preſence
Sur l'Autel ainſi qu'vn flambeau ;
Où, par vn éclatant office,
A l'aveugle il devint propice,
Faiſant vn miracle nouveau.

XXXIII.

La Ville autrefois Cathedrale,
Du Vermandois la Capitale,
Fut le theatre merveilleux,
Où ce Saint finit ce Martyre,
Et conquit le Celeſte Empire,
Qui le rend toûjours Bienheureux.

XXXIV.

Cette Cité jadis Payenne,
Par Saint Quentin faite Chreſtienne,
A mépriſé tous ſes faux Dieux :
Elle a quitté le nom d'Auguſte,
Eſtimant qu'il eſtoit plus juſte
De porter ſon Nom glorieux.

XXXXV.

Son Temple & son Royal Chapitre
Où Saint Medard portoit la mitre,
Ont en France vn si grand renom,
Que le Roy mesme, & tous les Princes
Y viennent de chaques Provinces,
Pour invoquer ce Saint Patron.

XXXXVI.

Prions-le donc, que de la Gloire
Où l'a transporté sa victoire,
Il ait de nous compassion;
Et qu'il nous obtienne la grace,
Qu'enfin nous puissions avoir place
Dans la triomphante Sion.

Certamen forte dedit illi, vt vinceret.
Sap. 10.

LA VIE DE S. AVGVSTIN EVESQVE ET DOCTEVR DE L'EGLISE.

I.

O Grand Saint Avgvstin, lumiere de l'Egliſe,
Que ton amour eſt beau ! Que tes traits ſont divins !
Je les veux peindre icy, mais j'ay la main ſurpriſe;
Si tu ne viens m'aider, tous mes travaux ſont vains,

II.

L'Afrique a le plaiſir de ſe dire ta Mere,
Et l'Egliſe a le bien de garder tes Ecrits;
Mais Hippone a l'honneur de t'appeller ſon Pere;
Et de te voir au rang des Celeſtes Eſprits.

III.

Puis-je bien ſans danger raconter tous les vices,
Où je te vois plongé durant tes jeunes ans ?
Ce ſeroit ſe joüer aux bords des précipices,
Que de les découvrir ſans ſe jetter dedans.

IV.

Il ſuffit de ſçavoir que le Libertinage,
Et que l'Impureté te nuiſent grandement.
L'Erreur te met auſſi dans vn rude eſclavage,
Offuſquant les rayons de ton Entendement.

V.

Que les ſecrets de Dieu nous ſont impenetrables,
De laiſſer trébucher ceux qu'il veut relever !
Heureux ceux qui pourront ſe rendre à toy ſemblables,
Mais plus heureux encor de ſe mieux conſerver.

VI.

Ta Mere fond en pleurs, voyant que l'hereſie
S'empare ſi long-temps de ton ſubtil eſprit :
Mais venant à Milan, tu goûtes l'AMBROSIE
Qui te fait ſavourer ce qu'elle te preſcrit.

VII.

L'on a beau te prier, ou te faire la guerre,
Tu te vois comme vn cerf, qui ne ſçauroit ſortir
Du ventre qui le porte, à moins que le tonnerre
Ne gronde fortement pour l'en faire partir.

VIII.

Ce figuier plus heureux qu'à noſtre premier Pere,
Et plus noble pour toy qu'vn laurier verdoyant,
Te voit enfin ſortir de ta grande miſere,
Quand Dieu tonne deſſus ſans eſtre foudroyant.

IX.

Bon courage, Auguſtin ; allons à la rencontre
De ce ſacré Prelat qui te vient baptiſer :
C'eſt aujourd'huy qu'il faut que tu luy faſſes montre
De ce que pour jamais tu veux bien mépriſer.

X.

Mere, ne pleure plus, ou que ce ſoit de joye ;
Ce Fils eſtant vaincu, s'eſt rendu le vainqueur :
Ne t'imagine pas que jamais on le voye
Retracter le ſerment qu'il fait de ſi bon cœur.

XI.

Offre pour ce bonheur dans Oſtie vne Hoſtie ;
Laiſſant icy ton Corps, livre ton Ame à Dieu :
Et toy, grand Auguſtin, dans la fin de ſa vie,
Entend comme elle parle en te diſant adieu.

XII.

Puis qu'enfin j'apperçois ton Ame convertie ;
Je quitte volontiers ce corps foible & mortel :
Ne me délaiſſe point aprés cette ſortie,
Sur tout quand tu feras ta priere à l'Autel.

XIII.

Aprés son saint trépas, tu marches sur le sable,
Tâchant de concevoir la Sainte Trinité;
Mais vn enfant te dit qu'il est bien plus faisable,
D'épuiser l'Ocean qui n'est pas limité,

XIV.

L'Hoste qui te reçoit dans ta douce Patrie,
Est bien-tost délivré d'vn mal fort douloureux;
C'est par ton oraison que sa jambe est guerie,
Et qu'il ne ressent pas les rasoirs dangereux.

XV.

Ce devot Pelerin, qui te montre sa face,
C'est JESVS mon Seigneur; embrasse ses genoux.
O l'excellent bonheur! de meriter la grace
De voir des yeux mortels cét adorable Epoux.

XVI.

Il t'oblige d'avoir le soin de son Eglise,
Afin de la garder de tout déreglement.
L'heretique méchant n'vse que de surprise;
Veille pour la deffendre, & combats fortement.

XVII.

Saint Valere en preschant commande à l'assemblée
De se saisir de toy sans nullement tarder:
Tu penses te cacher fuyant en la meslée,
Lors qu'il t'ordonne Prestre à dessein de l'aider.

XVIII.

Plusieurs estant touchez de ta façon de vivre
Marchent sous ta conduite, afin de t'imiter:
Tu leur donnes l'Ecrit qui les enseigne à suivre
Le droit chemin du Ciel, pour ne point s'écarter.

XIX.

Les vrais observateurs de cette Regle sainte
N'ont pas sujet de craindre au dernier Jugement;
Car elle est vne image où leur vie est dépeinte,
Et l'on n'y pourra voir le moindre manquement.

XX.

Sors de ce lieu devot, le Saint Esprit t'appelle,
Pour vaincre Fortunat heretique obstiné:
Tu l'as déja vaincu dans sa rage mortelle;
Ce n'est plus Fortunat, c'est vn infortuné.

XXI.

Pour tant de beaux exploits vne mitre on te donne,
Afin de t'obliger à veiller nuit & jour
Sur le peuple & Clergé de la ville d'Hippone,
Que tu nourris du pain de science & d'amour.

XXII.

Le grand Honorius goûte ton Ambassade,
Et sçachant tes desirs, veut les rendre contens:
Parle donc hardiment, car je me persuade
Qu'il s'en va t'accorder tout ce que tu pretends.

XXIII.

Monarque tres-pieux, rend-nous bonne justice,
Détruisant s'il te plaist les ennemis de Dieu.
Oüy, dit-il à l'instant, j'ordonne que le vice,
Par le sceptre que j'ay, soit détruit en tout lieu.

XXIV.

Qu'il fait beau de te voir presider au Concile,
Comme un grand Patriarche au milieu des Prelats!
Donat n'y sçauroit plus trouver aucun asyle,
Car de son vain sçavoir on n'y fait point de cas.

XXV.

La Sainte Trinité te fait voir ses mysteres,
Auparavant cachez aux plus doctes Esprits.
Les Pseaumes, la Cité, les Sermons à tes Freres,
Sont les sujets divers qui parent tes Ecrits.

XXVI.

Vne Sainte nous dit des choses merveilleuses,
Assurant qu'elle a veu l'Auguste Trinité,
De qui, tout au milieu des troupes glorieuses,
Tu semblois discourir avec subtilité.

XXVII.

Voicy bien d'autres bruits qui frapent nos oreilles,
La Vierge & son cher Fils te transpercent le cœur.
Ce sont assurément de nouvelles merveilles,
Qui te font subsister durant cette langueur.

XXVIII.

Je vois bien que ce trait, pour toy si favorable,
Nous doit bien-tost priver de tout contentement.
Tu veux pourtant encore aider vn miserable;
Et sans quitter ton lit, le tirer de tourment.

XXIX.

Pouvons-nous, sans pleurer, rien voir de plus funeste?
Nostre Divin Prelat s'en va bien-tost finir.
Mais il va posseder le Royaume Celeste,
Et pour nous consoler il s'en va nous benir.

XXX.

Adieu, mes chers enfans, le Ciel vous soit propice:
Fuyez les differens, & recherchez la paix,
Embrassez la vertu, faites la guerre au vice;
Et de vous assister j'auray soin desormais.

XXXI.

Ha, miserable sort de l'humaine nature!
Le sçavant Augustin ne vit plus parmy nous.
Que dis-je? Il vit encore aprés sa sepulture,
Puis que son Ame est jointe à son Divin Epoux.

XXXII.

En effet, s'il est mort, qui guerit ce Malade?
Que veut dire vn Enfant délivré de prison,
Et tous ces Pelerins, qui nous font tant parade,
D'avoir eu son secours jusques dans leur maison?

LA VIE DE S. NORBERT FONDATEVR DE L'ORDRE DE PRÉMONTRÉ.

I.

JE vay décrire icy la vie incomparable
Du Patriarche Saint NORBERT;
Pour la faire chanter, d'vne voix agréable,
Devant nostre Illustre COLBERT.

II.

Afin donc de traiter de ce Saint Personnage
En chaque Stance de mes Vers,
Je diray comme il est dépeint dans chaque Image
D'vn tres-celebre Abbé d'Anvers.

III.

Sa Mere apprit du Ciel, estant encore enceinte,
Qu'il deviendroit vn grand Prelat;
Et qu'aprés estre né vers Cologne la sainte,
Il vivroit dans vn saint éclat.

IV.

Il passa neanmoins le temps de sa jeunesse
A la suite de l'Empereur;
Où le monde le mit, pour flater sa noblesse,
Dans vn chemin remply d'erreur.

V.

Comme il estoit choisi pour vn Vaisseau d'élite,
Dieu le prosterna de sa main.
Seigneur, dit-il alors, pardonne à ma conduite,
Et m'enseigne le droit chemin.

VI.

Pour l'apprendre il choisit vn devot Monastere,
De l'Ordre du grand Saint Benoist;
Et n'y voulut parler que de la vie austere,
Qu'on luy faisoit toucher au doigt.

VII.

Au sortir de ce lieu sa premiere entreprise
Fut de s'habiller pauvrement,
Et d'aller à pieds nuds recevoir la Prestrise,
Pour vivre plus parfaitement.

VIII.

Il convertit le Peuple avec vn divin zele,
S'occupant ſouvent à preſcher ;
Durant cét exercice vn Chapelain rebelle
A la face luy vint cracher.

IX.

Sans craindre aucun danger il bût vne araignée
Avec vne grande ferveur,
Dautant qu'en ſon Calice elle s'eſtoit baignée
Dans le propre Sang du Sauveur.

X.

Vn chacun fut ſurpris de le voir au Concile
Confondre ſes Accuſateurs ;
Qui ne pouvoient ſouffrir que préchant l'Evangile,
Il les reprit comme pecheurs.

XI.

Lors qu'il fut de retour, eſtant encore Chanoine,
Aux Pauvres il donna ſon bien ;
Leur ayant tout quitté juſqu'à ſon patrimoine,
Dont il ne ſe reſerva rien.

XII.

Enſuite il vint en France, où le Pape Gelaſe
Luy permit de preſcher par tout.
Car il vit qu'il eſtoit comme vn precieux Vaſe,
Où chacun trouveroit du goût.

XIII.

L'Evesque de Cambray sur luy versa des larmes,
Considerant son changement:
Hugues son Aumônier y trouva tant de charmes,
Qu'il le suivit incessamment.

XIV.

Il faisoit beau le voir dans les Bourgs & Villages,
Précher comme vn Ange de paix.
La disette & l'hyver, durant tous ses voyages,
Ne l'en détournerent jamais.

XV.

Par ses façons d'agir, tout-à-fait Angeliques,
On voyoit que des ennemis
Juroient avec respect sur de saintes Reliques
Qu'ils vouloient estre bons amis.

XVI.

Quand le Pape Calliste à Reims eut veu cét Ange,
Conduit par l'Evesque de Lân,
Il le benit sur l'heure; & dit à sa loüange,
Que sa Foy détruiroit Satan.

XVII.

La Mere de JESVS luy marqua sa demeure
Dans le desert de Prémontré.
Ce fut dans ce lieu saint, que par elle à mesme heure
Son habit blanc luy fut montré.

XVIII.

XVIII.

Saint Gereon Martyr luy découvrit la place ;
Où Cologne ignoroit son corps,
Dont elle luy fait part dans vne belle Chasse,
Qu'il prisoit plus que des tresors.

XIX.

Le grand Saint Augustin luy presenta la Regle ;
Que dans son Ordre on doit tenir ;
Assurant que celuy qui sur elle se regle,
Pourra dans le Ciel parvenir.

XX.

JESVS en vision sur la Croix luy fit signe ;
Où l'Eglise il devoit fonder ;
Et divers Pelerins, pour vne marque insigne,
Dés-lors y sembloient aborder.

XXI.

Il se montra puissant en bonne œuvre & parole ;
Pour confirmer tous ses Sermons ;
Puis que devant les gens instruits dans son Ecole
Il chassoit les plus fiers Demons.

XXII.

Sous la forme d'un ours le Diable plein de rage
Ne pût pas luy faire aucun tort :
Car la Foy qu'il avoit, dissipa cét orage,
Qui le menaçoit de la mort.

XXIII.

En la ville d'Anvers il fit voir les merveilles
Du Saint Sacrement de l'Autel,
Contre qui Tanchelin avoit par les oreilles
Fait couler ſon venin mortel.

XXIV.

Le Comte Godefroy, ſon Epouſe, & ſon Frere
S'offrirent à luy promptement;
Et chacun d'eux ſe fit conſtruire vn Monaſtere,
Afin d'y vivre ſaintement.

XXV.

Le Pape Honorius, ayant veu ce ſaint Homme,
Confirma ſon Ordre nouveau,
Et Dieu luy fit connoître, eſtant encor à Rome,
Qu'il alloit paître vn grand troupeau.

XXVI.

Retournant par Viſbourg, il y chanta la Meſſe
D'vn zele tres-devotieux;
Vne aveugle à la fin, s'eſtant miſe en la preſſe,
Par luy ſentit ouvrir ſes yeux.

XXVII.

Sa grande Humilité l'empécha d'eſtre Eveſque
Du Peuple & Clergé de Viſbourg:
Malgré luy cependant on le fit Archeveſque
De la ville de Magdebourg.

XXVIII.

Dans ce nouvel employ tout d'vn coup il eut prise
Avec vn insigne Voleur,
Qui refusa de rendre vn bien de son Eglise,
Quoy qu'il luy prédît son malheur.

XXIX.

Parce qu'il réformoit les Prestres & Laïques,
Ils gagnerent vn Assassin,
Qu'il convainquit chez soy devant ses domestiques,
Sans le punir de son dessein.

XXX.

De peur qu'estant absent il n'avînt du desordre
En sa Maison de Prémontré,
Il fit son successeur & General de l'Ordre
Hugues du Sauveur impetré.

XXXI.

En reconciliant de nuit sa Cathedrale,
Sur sa vie on vint attenter :
Et dautant qu'il ne pût rompre cette cabale,
Il fut contraint de s'absenter.

XXXII.

Estant rentré paisible, il se mit en campagne
Au secours du Pape Innocent,
Qui le crea Primat de toute l'Allemagne,
Pour se montrer reconnoissant.

XXXIII.

Le devot Saint Bernard, & l'Empereur Lothaire,
Eſtoient ravis de ſes diſcours;
Voyant qu'ils recevoient vn conſeil ſalutaire,
Lors qu'ils avoient à luy recours.

XXXIV.

Après tous ſes travaux pour l'Egliſe Romaine,
Dont il fut le vray Defenſeur;
JESVS dit à ſon Ame, en la tirant de peine,
Vien repoſer, ma chere Sœur.

XXXV.

Cette Ame incontinent parut ſous la figure
D'vn Lis auſſi clair qu'vn flambeau:
Et ſon Corps pluſieurs jours reſtant ſans pourriture,
Fut mis dans ſon Cloître au tombeau.

XXXVI.

Enfin ce grand Prelat, par Innocent troiſiéme,
Fut à Rome canoniſé.
Dans le Ciel il triomphe, & montre encor, qu'il aime
Cet Ordre qu'il a tant priſé.

In fide & lenitate ipſius ſanctum fecit illum.
Eccli. 45.

LA VIE DE SAINT ALEXIS MIROIR DE PATIENCE ET DE CHASTETÉ.

I.

QV'vn chacun ouvre les oreilles,
Afin d'écouter les merveilles
Du Saint Confeſſeur ALEXIS,
Qui parcourut la terre & l'onde,
Sans avoir de plus grands ſoucis,
Que d'eſtre méconnu du monde.

II.

Dans Rome ſon Pere & ſa Mere
L'obtinrent de Dieu par priere,
Et l'éleverent ſaintement,
Juſqu'au temps qu'il eût atteint l'âge
D'eſtre marié noblement
Avec vne Fille tres-ſage.

III.

Mais le Saint ayant grande envie
D'eſtre vierge toute ſa vie,
Ne tarda point à la quitter,
Sans ſe declarer à perſonne ;
Ne voulant pour ſe ſuſtenter
Que ce qu'il recevroit d'aumône.

IV.

Cependant ſon Pere & ſa Mere,
Avec ſon Epouſe tres-chere,
Le firent en tous lieux chercher ;
Mais ayant quitté ſon Amie,
Il vogua, pour ſe mieux cacher,
Juſqu'en la Meſopotamie.

V.

Pour fuir de ce monde la preſſe,
Il fut en la ville d'Edeſſe
Dix-ſept ans toûjours pauvre & nu,
Sous vn portail, lors que la Vierge
Dit quel eſtoit cét inconnu,
Le revelant à ſon Concierge.

VI.

Le bruit en courut dans la Ville,
D'abord il en vint plus de mille,
Pour le reſpecter comme vn Saint :
Ce qui fut cauſe que ſur l'heure,
Sans en parler, il eut deſſein
D'abandonner cette demeure.

VII.

Penſant voguer vers Cilicie,
Il vint ſurgir en Italie,
Par vn vent contraire à ſes vœux,
Qui fut cauſe que ce ſaint Homme,
Comme vn pauvre neceſſiteux,
Vint trouver ſon Pere dans Rome.

VIII.

Monſeigneur, dit-il à ſon Pere,
Ayez pitié de ma miſere,
Et Dieu prendra ſoin de vos biens.
Son Pere, ſans le reconnoître,
Dit auſſi-toſt parlant aux ſiens,
Que chez ſoy l'on eût à l'admettre.

IX.

Eſtant dans vne chambre obſcure,
Il ſouffrit beaucoup, ſans murmure,
Des ſervantes & des valets,
Qui par vne grande inſolence
Luy donnoient ſouvent des ſoufflets,
Abuſant de ſa patience.

X.

D'ailleurs ſon Epouſe & ſa Mere
Avec vne clameur amere,
Doutant s'il eſtoit vif ou mort,
Juſqu'à luy ſe faiſoient entendre;
Mais le Saint malgré leur effort
Ne s'y laiſſa jamais ſurprendre.

XI.

Enfin ſentant l'heure derniere,
Qui devoit finir ſa carriere,
Il ſe munit des Sacremens;
Puis ayant décrit ſon hiſtoire,
Pour eſtre leuë à ſes parens,
Dieu le voulut mettre en ſa gloire.

XII.

Ainſi la dix-ſeptiéme année,
Ayant finy ſa deſtinée,
Dans l'Egliſe on oüit des Cieux,
Le Pape alors diſant la Meſſe;
Venez, je vous rendray joyeux,
Vous qui ne vivez qu'en triſteſſe:

XIII.

Cherchez mon Serviteur fidelle,
Qu'aujourd'huy du monde j'appelle,
Dans la maiſon d'Euphemien.
A qui l'Empereur fit demande,
Pourquoy nous cachez-vous vn bien,
Que du Ciel on nous recommande?

XIV.

Mais Euphemien, ſans replique,
Sortit, & ſceut d'vn domeſtique
Dans ſa maiſon la verité;
Car il apprit que ce pauvre homme,
Qu'il retiroit par charité,
Repoſoit de ſon dernier ſomme.

XV.

Lors dans vne chambre honorable
Il posa le corps venerable
De ce tres-devot Serviteur ;
Où la Mere & l'Epouse entrerent,
Avec le Pape & l'Empereur,
Qui devant luy se prosternerent.

XVI.

Le Pape aussi-tost le supplie,
Devant toute la compagnie,
De luy laisser prendre vn papier
Qu'il tenoit d'vne main tres-forte :
Ce qu'ayant fait, le Chancelier
En fit lecture en cette sorte.

XVII.

Dans Rome j'ay pris ma naissance
D'vn Chevalier plein de vaillance,
Que l'on appelle Euphemien ;
Sa femme Aglahisse est ma Mere :
Pour le Ciel je quittay leur bien,
Laissant mon Epouse tres-chere.

XVIII.

A ces mots toute l'Assemblée,
Grandement surprise & troublée,
Adora les secrets de Dieu ;
Qui par vn si nouveau mystere,
Obligea les gens de ce lieu,
De l'admirer & de se taire.

LE BOVQVET SACRÉ COMPOSÉ DES PLVS RARES VERTVS DE QVELQVES SAINTS.

I.

Le Desir de S. André de mourir en la Croix.

ALors que Saint André fut conduit en la place
Où l'on voyoit sa Croix, il s'écria soudain :
Je te saluë, ô Croix, arbre du beau jardin,
Où pendit le bon Fruit qui nous donne la Grace.
O Croix tres-precieuse, objet de mes desirs,
Par qui je vay monter au lieu des vrais plaisirs,
Je viens tres-volontiers entre tes bras me mettre.
Tu me dois bien joyeuse embrasser en ce jour,
Car je suis l'Ecolier de ce tres-sage Maître,
Qui te fit en mourant le vray Siege d'amour.

II.

La Constance de S. Laurent dans son Martyre.

Saint Laurent sur vn gril achevant son Martyre,
Consideroit son corps d'vn costé tout rosty,
Et disoit au Tyran qu'il voyoit abruty,
Tourne & mange ma chair : car je ne puis te dire
Où sont les biens d'Eglise enlevez de tes yeux,
Sinon que par l'aumône ils sont portez aux Cieux.
Puis il disoit à Dieu, Seigneur je te confesse,
Ne voulant te nier dans vn si grand tourment ;
Tu m'éprouves de nuit par le feu qui me blesse,
Sans que l'on trouve en moy le moindre manquement.

III.

La Resignation de S. Martin à la volonté de Dieu.

Saint Martin se voyant prest de quitter ce monde,
Ses disciples disoient, Pourquoy nous laisses-tu ?
Nous allons bien-tost voir ton bercail abattu,
Par les Loups ravissans qui font toûjours la ronde.
Alors il dit à Dieu, Si ton Peuple a besoin,
Je veux par mon travail en avoir encor soin ;
Ta volonté pourtant en moy soit accomplie.
O l'heureux personnage ! en ce qu'on ne voit pas,
Qu'il ait jamais eu peur de quitter cette vie,
Ny qu'il ait refusé d'attendre le trépas,

IV.

La Charité de S. Nicolas envers un chacun.

O que Saint Nicolas s'est montré charitable
Pour trois filles qu'vn Pere alloit perdre d'honneur !
Et pour trois Citoyens qui voyoient leur malheur
Dans l'Arrest d'vn Consul injuste & redoutable ;
Pour trois Tribuns aussi que le Grand Constantin
Condamnoit à la mort sans indice certain :
Dautant qu'il procura bien-tost leur délivrance.
Les Nautonniers d'ailleurs ayant à luy recours,
Ne se remplirent pas d'vne vaine esperance,
Car il leur apparut, & leur donna secours.

V.

La Promesse de S. Dominique à ses Religieux.

O l'admirable espoir qu'ont eu de toy tes Freres,
Qui pleuroient de te voir à l'heure de ta mort !
Puis que tu leur promis d'estre leur vray Support,
Quand la mort t'auroit fait exempt de nos miseres.
Saint Pere, acquite-toy de ce que tu promis,
Nous aidant envers Dieu contre nos ennemis :
Aprés que l'on t'a veu tres-illustre en miracles,
Guerissant bien souvent les corps des plus mal-sains ;
Obtiens que JESUS-CHRIST renverse les obstacles,
Qui font que dans les mœurs nous ne sommes pas Saints.

VI.

VI.

Le Pouvoir merveilleux de S. Antoine de Pade.

Si tu cherches, Chreſtien, de ſignalez miracles;
Saint Antoine de Pade en montre bien ſouvent.
Il appaiſe ſur mer le plus horrible vent,
Il rend les biens perdus, il rompt tous les obſtacles;
Il preſerve des maux, il donne gueriſon,
Il rend la vie aux morts, il ouvre la priſon;
Il détruit l'hereſie, il éloigne le diable,
Il guerit de la lépre & d'autre infirmité:
En tout âge on l'invoque, il eſt tres-pitoyable;
Car il aide vn chacun dans la neceſſité.

VII.

La priere de Sainte Cecile en faveur de ſa Virginité.

Quand l'orgue reſonnoit ſous les doigts de Cecile,
De cœur elle chantoit ce motet gracieux.
O Souverain Seigneur de la Terre & des Cieux;
A ma Virginité ſois vn puiſſant aſyle:
Que mon cœur n'ait jamais aucun ſale deſir,
Et que mon corps ſoit net de l'infame plaiſir,
De peur d'eſtre confuſe aux yeux de ta Juſtice.
C'eſt ce qu'elle diſoit toûjours en ſa maiſon;
Où le jeûne ſouvent eſtoit ſon exercice,
Pour obtenir l'effet de ſa ſainte Oraiſon.

VIII.

Le Souhait de Sainte Agathe Vierge, pour aller à Dieu.

Sainte Agathe au milieu d'vne prison terrible,
Levant les mains au Ciel, de cœur prioit ainsi.
Mon aimable Sauveur, je te rends grace icy,
De ce que tu m'as fait devenir invincible.
Dans les divers tourmens des plus cruels bourreaux,
Qui pour me surmonter, inventoient tant de maux.
Je te supplie enfin d'avoir de moy memoire,
Commandant qu'au plûtost je puisse aller à toy,
Pour joüir à jamais de l'eternelle Gloire,
Dont tous les Bienheureux te reconnoissent Roy.

IX.

L'Action de Graces de Sainte Agnés aprés les tourmens.

La Bienheureuse Agnés au milieu de la flamme,
En se tenant debout, au Ciel levoit les mains,
Et parloit de la sorte au Seigneur des humains,
Qu'elle adoroit toûjours du profond de son Ame.
Je te rends grace, ô Dieu Pere de mon Sauveur,
De ce que j'ay vaincu par ta seule faveur
Le Tyran sacrilege, & la chair si fragile:
Voicy qu'enfin de toy je m'approche en ce jour,
Aprés t'avoir cherché d'vn cœur ferme & docile,
Qui ne brûla jamais que de ton saint amour.

X.

La Force incomparable de Sainte Luce, Vierge & Martyre.

Quand Sainte Luce estoit en presence du Juge,
Qui la vouloit contraindre à nier JESUS-CHRIST,
Elle pour s'en garder, dit que le Saint Esprit
Avoit les chastes Cœurs pour Temple & pour refuge.
Afin donc, luy dit-il, qu'il te puisse quitter,
Je veux qu'aux lieux impurs on t'aille visiter.
La Sainte répondit, Tu doubles ma couronne,
Si quelqu'vn malgré moy tâche de me toucher;
Mais Dieu la rendit stable ainsi qu'vne colomne,
Et ne branla non plus qu'vn tres-ferme rocher.

X I.

La Science de Sainte Catherine, pour convertir les Ames.

Qui ne s'étonneroit de Sainte Catherine,
La voyant convertir les cinquante Docteurs,
Qui du culte Payen se disoient Protecteurs,
Et vouloient des Chrestiens renverser la doctrine?
Cependant Maximin la fit mettre en prison;
Où l'on vit qu'aussi-tost plusieurs de sa maison
Crûrent en JESUS-CHRIST, sur tout l'Imperatrice;
De quoy contre la Sainte il fut tant irrité,
Qu'il la fit décoler: mais aprés ce supplice,
L'Ange la mit au lieu qu'elle avoit merité.

XII.

La Douceur & la Constance de Sainte Barbe.

Encor que cette Vierge eût vn nom tout barbare,
L'amour ne laissoit pas de regner dans son cœur;
JESVS dés son enfance en fut le doux Vainqueur,
Ainsi que son martyre à chacun le declare.
Son Pere, d'vn faux zele & d'vn cœur inhumain,
Contre son propre sang armant sa propre main,
Par vn glaive tranchant, le versa sur la poudre;
Mais ce Pere plus dur que ne furent ses fers,
Fut aussi-tost puny par vn éclat de foudre,
Qui mit son corps en cendre, & son Ame aux Enfers.

Ibunt de virtute in virtutem, videbitur Deus Deorum in Sion. *Psalm.* 83.

LES PRIERES QV'ON DOIT FAIRE TOVS LES IOVRS EN COMMVN, OV DV MOINS EN PARTICVLIER.

Le D. *montre ce que le Directeur doit dire: Et l'*R. *ce que chacun luy doit Répondre.*

D. Au Nom du Pere, & du Fils, & du Saint Esprit. Benissons tous la Sainte Trinité:

R. Dés maintenant & dans l'eternité.

D. O Dieu Eternel, & Souverain Seigneur de l'Vnivers, que j'adore, & que j'aime de tout mon cœur; je vous remercie de m'avoir creé, racheté, & conservé jusques à present. Pardonnez-moy tous les pechez que j'ay commis, & faites que je puisse achever le reste de ma vie sans vous offenser. Je vous offre mes pensées, mes paroles & mes actions, que je vous supplie de benir, afin qu'elles vous soient agréables; & que par vostre infinie bonté, vous m'en soyez à jamais la recompense.

R. Ainsi soit-il.

D. Recitons bien la devote Priere,

R. Que JESUS-CHRIST veut qu'on fasse à son Pere.

D. NOstre Pere qui estes dans les Cieux: Que vostre Nom soit sanctifié.

R. Que vostre Regne arrive.

D. Que vostre volonté soit faite en la terre comme au Ciel.

R. Donnez-nous aujourd'huy nostre pain de chaque jour.

D. Et pardonnez-nous nos offenses, comme nous pardonnons à ceux qui nous ont offensez.

R. Et ne nous délaissez pas dans la tentation,

D. Mais délivrez-nous du mal.

R. Ainsi soit-il.

D. Ayons recours à la Mere de Dieu:

R. Et celebrons sa memoire en tout lieu.

D. JE vous saluë, Marie pleine de grace; le Seigneur est avecque vous.

R. Vous estes benie entre toutes les femmes, & JESVS le fruit de vostre ventre est beny.

D. Sainte Marie Mere de Dieu, priez pour nous pauvres pecheurs.

R. Maintenant & à l'heure de nostre mort. Ainsi soit-il.

D. Professons tous la Foy des douze Apostres;

R. Que leur Symbole explique pour nous autres.

D. JE crois en Dieu le Pere Tout-puissant, Createur du Ciel & de la terre.

R. Et en JESUS-CHRIST son Fils vnique Nostre-Seigneur.

D. Qui a esté conceu du Saint Esprit, est né de la Vierge Marie.

R. A souffert sous Ponce Pilate, a esté Crucifié, est mort, & a esté ensevely.

D. Est descendu aux Enfers: est ressuscité le troisiéme jour.

R. Est monté aux Cieux, est assis à la droite de Dieu le Pere Tout-puissant.

D. De là viendra juger les vivans & les morts.

R. Je crois au Saint Esprit.

D. La Sainte Eglise Catholique, la Communion des Saints.

R. La remission des pechez.

D. La resurrection de la chair.

R. La vie eternelle. Ainsi soit-il.

D. Adressons-nous à nostre bon Sauveur,

R. Pour obtenir sa Divine faveur.

D. O Bon JESUS, inspirez-moy, s'il vous plaist, vne Foye vive, pour croire au Symbole de vos Saints Apostres; accordez-moy les effets de la Priere que vous leur avez enseignée; & donnez-moy la force d'accomplir vos Divins Commandemens, & ceux de nostre Mere la Sainte Eglise, à qui vous avez bien voulu confier les sept Sacremens que vous avez instituez, pour nous appliquer les merites de vostre douloureuse Passion, & pour nous rendre vn jour participans de vostre Gloire Celeste.

R. Ainsi soit il.

D. Examinons icy nos consciences:

R. Et demandons pardon de nos offenses.

D. Demeurons pour cet effet quelque temps sans rien dire, & tâchons de nous mettre en mesme état que nous voudrions estre à l'heure de la mort.

D. JE me confesse à Dieu Tout-puissant, à la Bien-heureuse Vierge Marie, à Saint Michel Archange, à Saint Jean-Baptiste, aux Apostres Saint Pierre & Saint Paul, & à tous les Saints; de tous les pechez que j'ay commis, en pensées, en paroles, & en œuvres; par ma faute, par ma faute, par ma tres-grande faute.

R. C'est pourquoy je supplie la Bien-heureuse Vierge Marie, Saint Michel Archange, Saint Jean-Baptiste, les Apostres Saint Pierre & Saint Paul, & tous les Saints, d'interceder pour moy envers le Seigneur nostre Dieu.

D. Que Dieu Tout-puissant nous fasse misericorde: & qu'aprés nous avoir pardonné tous nos pechez, il nous conduise à la vie eternelle.

R. Ainsi soit-il.

D. Supplions Dieu que tout peché commis,

R. Soit à chacun par sa bonté remis.

D. DIeu Tout-puissant & Eternel, qui regnez sur les vivans & sur les morts, & qui faites misericorde à tous ceux que vous prévoyez devoir estre sauvez par la Foy, & par les œuvres: nous vous supplions que ceux pour qui nous avons resolu de prier (soit que ce monde-icy les retienne encore en la chair, ou que l'autre monde les ait déja receus, dépoüillez de leurs corps) obtiennent de vostre bonté, par l'intercession de tous vos Saints, le pardon de tous leurs pechez.

R. Ainsi soit-il.

D. Prions les Saints qu'ils obtiennent la grace,

R. Que dans le Ciel nous puiſſions avoir place.

D. O Douce Vierge Marie, Refuge des pauvres pecheurs, qui vous reclament en leurs afflictions: & vous, mon Saint Ange Gardien, avecque tous les Anges & les Saints mes fidelles Protecteurs; je vous ſupplie d'interceder pour moy, pour mes parens, mes amis, & mes bienfaicteurs, & pour tous ceux tant vivans que trépaſſez, à l'intention de qui je ſuis obligé de prier: afin qu'eſtant maintenant aſſiſtez de vos ſuffrages, nous meritions de parvenir en voſtre bienheureuſe compagnie.

R. Ainſi ſoit-il.

D. Que le Seigneur nous accorde ſa paix:

R. Et le repos aux Défunts, pour jamais.

Omnia quæcunque orantes petitis, credite quia accipietis. *Mar.* 11.

Le *Benedicité* en François.

BEnissons le Seigneur en qui nostre Ame espere,
Afin qu'en ce repas la main de JESUS-CHRIST
Nous benisse & ces biens, au Nom de Dieu le Pere,
Et de son Fils vnique, & de leur Saint Esprit.

Les Graces aprés le Repas.

NOus vous remercions, Roy de Celeste Gloire,
De nous avoir nourris par vn soin paternel.
Ayez en nos besoins de nous toûjours memoire,
Et donnez aux Défunts le repos eternel.

Sive manducatis, sive bebitis, in gloriam Dei facite. 1. *Cor.* 10.

FIN.

APPROBATION

De Monſeigneur l'Illuſtriſſime & Reverendiſſime Eveſque, Comte de Noyon, Pair de France, pour l'Inſtitution Chreſtienne.

FRANCOIS DE CLERMONT, par la grace de Dieu Eveſque, Comte de Noyon, Pair de France; Aprés avoir leu & bien examiné *l'Inſtitution Chreſtienne, compoſée en Vers François par noſtre tres-cher Frere en Noſtre-Seigneur, Frere* CLAVDE ROHAVLT, *Preſtre, Religieux de l'Ordre de Prémontré, & Prieur de la Paroiſſe de Holnon, de noſtre Dioceſe:* Et l'ayant non ſeulement trouvée conforme aux ſentimens de l'Egliſe, mais propre à ſervir d'inſtruction à tous les Fidelles; Nous avons permis & permettons par ces preſentes, qu'elle ſoit enſeignée & diſtribuée en noſtre Dioceſe. Donné à Noyon dans noſtre Palais Epiſcopal, ſous noſtre ſeing, celuy de noſtre Secretaire, & le ſeel de nos Armes, ce vingt & vniéme d'Octobre, mil ſix cens ſoixante-dix.

FRANCOIS DE CLERMONT, Eveſque, Comte de Noyon.

Par Commandement de Monſeigneur,

COT.

APPROBATION

De Monseigneur l'Illustrissime & Reverendissime Evesque de Soissons, pour l'Institution Chrestienne.

CHARLES par la Grace de Dieu Evesque de Soissons; Aprés avoir leu & bien examiné *l'Institution Chrestienne, composée en Vers François par Frere* CLAUDE ROHAULT, *Prestre, Religieux de l'Ordre de Prémontré, & Prieur Curé de Holnon au Diocese de Noyon*; & n'y ayant rien trouvé de contraire à la Foy, ny aux bonnes mœurs; mais plûtost une explication tres-courte & tres-nette de tout ce qu'on est obligé de sçavoir en nostre sainte Religion, pour y vivre dans les vrais sentimens de la pieté Chrestienne; Nous l'avons approuvée, & permettons par ces presentes qu'elle soit enseignée & distribuée en nostre Diocese. Donné à Soissons en nostre Palais Episcopal, sous nostre seing, celuy de nostre Secretaire, & le seel de nos Armes, ce deuxiéme jour de Juin, mil six cens soixante & onze.

CHARLES, Evesque de Soissons.

Par Commandement de Monseigneur,

DE QUEN.

N

APPROBATION

De Monſeigneur l'Illuſtriſsime & Reverendiſſime Eveſque d'Aulonne, pour l'Inſtitution Chreſtienne.

JEAN par la Grace de Dieu Eveſque d'Aulonne, & Vicaire General de Monſeigneur l'Eminentiſſime Cardinal d'Eſtrées, Eveſque Duc de Laon, Pair de France ; Certifions avoir leu & examiné *l'Inſtitution Chreſtienne composée en Vers François, par Frere* CLAVDE ROHAVLT, *Prieur de Holnon*, dans laquelle nous n'avons rien trouvé que de bien neceſſaire au ſalut d'vn chacun ; parce qu'elle contient des regles tres certaines pour la reformation des mœurs, & des penſées tres-ſolides pour inſpirer vne veritable devotion. C'eſt pourquoy nous déclarons qu'elle peut eſtre enſeignée & diſtribuée dans ce Dioceſe, & par tout ailleurs. Donné à Laon au Palais Epiſcopal, ſous noſtre ſeing, celuy de noſtre Secretaire, & le ſcel des Armes de mondit Seigneur, ce vingt & vniéme jour d'Octobre 1672.

JEAN Eveſque d'Aulonne.

Par Commandement de Monſeigneur,

LE NAIN.

APPROBATION

De Monseigneur l'Illustrissime & Reverendißime Evesque d'Amiens, pour l'Institution Chrestienne.

FRANCOIS par la grace de Dieu, & du Saint Siege Apostolique, Evesque d'Amiens; Nous avons leu *l'Institution Chrestienne, avec d'autres Ouvrages de pieté, composez en Vers François par Frere* CLAUDE ROHAULT, *Prestre, Religieux de l'Abbaye de Saint Pierre, lez Selincourt de nostre Diocése, & Prieur, Curé de la Paroisse de Holnon, au Diocese de Noyon:* Et n'y avons rien trouvé qui ne soit conforme à la Foy & aux bonnes moeurs. C'est pourquoy nous avons estimé que ces pieuses & solides instructions, pourront estre tres-vtiles à tous ceux qui les liront avec vne devote attention, & qui les pratiqueront avec vne exacte fidelité. Donné à Paris (où nous sommes pour les affaires de nostre Eglise) sous nostre seing, celuy de nostre Secretaire, & le seel de nos Armes, ce 30. Juillet 1675.

FRANCOIS, Evesque d'Amiens.

Par Commandement de Monseigneur,

DANGLEFORT.

APPROBATION

De Monseigneur l'Illustrißime & Reverendissime Abbé General de l'Ordre de Prémontré, pour le contenu de ce Livre.

MICHEL COLBERT par la Grace de Dieu, & du saint Siege Apostolique, Abbé de Prémontré, Chef & General de tout l'Ordre, ayant veu & deuëment examiné *l'Institution Chrestienne, avec d'autres Ouvrages de pieté, composez en Vers François, par nostre tres-cher Confrere en Nostre-Seigneur, Frere* CLAVDE ROHAVLT, *Prestre & Chanoine Regulier de nostre Abbaye de Saint Pierre lez Selincourt au Diocese d'Amiens, & Prieur Curé de la Paroisse de Holnon*; & les ayant jugez tres vtiles pour apprendre la science necessaire au salut, nous luy avons permis & permettons par ces presentes de les donner au public. Fait à Paris dans nostre College de Prémontré, sous nostre seing, celuy de nostre Secretaire, & le scel de nos Armes, ce vingtiéme Decembre, mil six cens soixante & treize.

F. M. COLBERT, Abbé de Prémontré, & General.

Par Commandement de Monseigneur,

F. FR. JOVBERT.

APPROBATION

De Meßieurs les Docteurs en Theologie de la Faculté de Paris, pour le contenu de ce Livre.

NOus soussignez Docteurs en Theologie de la Faculté de Paris; Certifions avoir leu & examiné *l'Institution Chrestienne, avec d'autres Ouvrages de pieté, composez en Vers François par le Reverend Pere* CLAUDE ROHAULT, *Prieur de Holnon:* Et bien loin d'y avoir remarqué aucune chose qui ne soit pas conforme à la Foy, ou aux bonnes mœurs, nous avons trouvé au contraire qu'ils sont remplis d'vne sainte onction, & tres-capables d'inspirer aux Fidelles le desir de vivre conformément aux regles de la Morale Chrestienne, dont ils expliquent les principes d'vne maniere qui n'est pas moins forte & touchante, qu'elle est simple & facile; c'est pourquoy nous croyons que la lecture en sera tres-vtile au public. Fait à Paris le dix-huitiéme jour de Juillet mil six cens soixante & quatorze.

MONTMIGNON, Curé de S. Nicolas des Champs.

A. DE VREVIN, Abbé de S. Pierre lez-Selincourt.

LE MOYNE.

F. Norbert CAILLIEU.

SAVIGNAC.

F. Charles THEBAULT.

PERMISSION

De Monſieur le Lieutenant General de Police de la Ville, Prevoſté & Vicomté de Paris, pour l'impreſſion de ce Livre.

VEu les Approbations, il eſt permis à PIERRE LE PETIT, Imprimeur & Libraire ordinaire du Roy, & de l'Academie Françoiſe, d'imprimer & de vendre vn Livre intitulé *L'Iuſtitution Chreſtienne, avec d'autres Ouvrages de pieté, en Vers François; par Frere* CLAVDE ROHAVLT, *Prieur de Holnon, de l'Ordre de Prémontré.* Fait à Paris ce vingt & vniéme de Juillet mil ſix cens ſoixante & quatorze. DE LA REYNIE.

Ledit Sieur le Petit, a conſenty que le Sieur Guillaume Deſprez Marchand Libraire, vende & debite auſſi le preſent Livre.

Regem honorificate, & ſubjecti eſtote illi propter Deum. I. Petri 2.

www.ingramcontent.com/pod-product-compliance
Ingram Content Group UK Ltd.
Pitfield, Milton Keynes, MK11 3LW, UK
UKHW021154260726
13994UKWH00001B/455

9 782329 349367